LIDANDO COM SITUAÇÕES DIFÍCEIS

LIDANDO COM SITUAÇÕES DIFÍCEIS

Os direitos desta edição pertencem à
Pé da Letra Editora
Rua Coimbra, 255 - Jd. Colibri
Cotia, SP, Brasil
Tel.(11) 3733-0404
vendas@editorapedaletra.com.br
www.editorapedaletra.com.br

Esse livro foi elaborado e produzido pelo Sr. Aranda Estúdio

Tradução e Coordenação Fabiano Flaminio
Design e Layout / Capa Chandra Creative & Content Solutions Pvt. Ltd., India / Jess Moon, UK
Diagramação Adriana Oshiro
Revisão Larissa Bernardi

Impresso no Brasil, 2022

Dados Internacionais de Catalogação na Publicação (CIP)
Angélica Ilacqua - CRB-8/7057

Annesley, Mike

Lidando com situações difíceis : estresse, ansiedade, mudança, risco e fracasso, problemas de saúde e envelhecimento, problemas de relacionamento e eventos marcantes / Mike Annesley ; tradução de Fabiano Flaminio. – Brasil : Pé da Letra, 2022.
140 p. : 16 x 23 cm

Título original : Dealing with difficult situations
ISBN: 978-65-5888-298-5

1. Comportamento humano 2. Convivência 3. Conflito interpessoal I. Título

21-3180 CDD 158.2

Índices para catálogo sistemático:
1. Comportamento humano

SUMÁRIO

Introdução

Não há duas pessoas exatamente iguais. No entanto, muitos dos maiores desafios que enfrentamos em nossas vidas seguem modelos universais, com um grau justo de aproximação. Alguns estão relacionados à experiências-chave da vida, que todos nós encontramos - exames; relacionamentos, com todas as suas possíveis tensões; envelhecimento, o que aumenta nossa probabilidade de doença; aposentadoria, nem sempre conseguimos o valor que poderíamos esperar; e luto, pois os entes queridos falecem diante de nós.

Então, novamente, existem dificuldades que podem nos atingir a qualquer momento. O estresse, quando chega, pode prejudicar nossa saúde, nosso equilíbrio de vida e trabalho, nossas relações com os amados. E, a qualquer momento, podemos nos encontrar em confronto com alguém, precisando ser engenhosos e fortes para sair da situação de uma forma positiva.

Há estratégias que podemos adotar para otimizar nossas respostas - como não poderia haver, já que tantos trilharam estes caminhos anteriormente? Os conselhos apresentados neste livro se baseiam em uma rica experiência - não apenas do autor (que viveu uma vida moderadamente agitada), mas de inúmeros outros, incluindo especialistas em áreas como administração, psicologia e aconselhamento de relacionamento.

Muitas das diretrizes exigem que você seja resistente contra o estresse e a ansiedade, e o livro inclui algumas soluções rápidas, bem como iniciativas de autodesenvolvimento a longo prazo. Que você esteja à altura de seus desafios quando chegar a hora - e permaneça positivo mesmo quando testado severamente.

Nota para o leitor:
Os Transformadores deste livro são viradores de jogo: abordagens recomendadas para transformar totalmente sua resposta a situações desafiadoras e facilitar um resultado positivo.

Capítulo 1

Estresse e Ansiedade

A ansiedade causa estresse. Juntos, estes são os maiores ladrões de nossa realização diária. Eles minam nosso desempenho em toda uma série de tarefas; e nos roubam o contentamento. A gestão emocional e o controle do estresse através de exercícios respiratórios e o desprendimento consciente são habilidades vitais fundamentais. O capítulo seguinte oferece uma gama de abordagens eficazes sempre que a preocupação ou o pânico se instalam - em casa, no local de trabalho e ao mesmo tempo em que você realiza seus negócios em outro lugar.

COMO LIDAR COM A PRESSÃO

A pressão pode vir de qualquer área da vida - trabalho, família, saúde, casa, dinheiro, parceria amorosa, amizades. Muitas vezes, é múltipla, já que a pressão em uma frente reduz o tempo ou a energia para outras responsabilidades. Seus efeitos ondulantes podem piorar as coisas - por exemplo, preocupações com trabalho ou dinheiro que afetam a vida familiar (relacionamento danificado, filhos decepcionados por não terem mais de você, por não receberem presentes maiores, e assim por diante). As pressões externas se curvam para dentro, à medida que você começa a duvidar de suas habilidades ou de seu caráter. Manter a pressão à distância tem, em parte, a ver com a gestão do tempo, mas não menos importante é compreender e comprometer-se com suas prioridades.

Compartimente

A maneira como você vê seus problemas é crítica. Ao subdividir um grande problema em seus desafios componentes, você o faz parecer menos avassalador. Então, quando você começa a resolver um problema, concentre-se em um aspecto particular de cada vez - por exemplo, encontrar fatos, alistar o apoio de um amigo ou colega, delegar uma tarefa ou escrever uma carta difícil. Estreite seus horizontes para esse objetivo em particular. É aqui que você deve direcionar sua energia - não se preocupando com sua lista de afazeres ou se perguntando como enfrentará os grandes desafios futuros.

Escolha a calma

O estresse não faz parte de você: ele não define quem você é. No entanto, pode-se começar a sentir o que ele faz depois de um tempo. O estresse é uma resposta que você dá às circunstâncias e, como todas as respostas, está dentro de sua esfera de controle. Escolha a calma ao invés do estresse. Uma vez tomada esta decisão, você pode usá-la como um princípio para orientar sua tomada de decisão. Diga não ao invés de sim; fique uma hora, não duas; procure a adequação, não a perfeição; opte pela aceitação, não por uma briga. Faça da calma uma prioridade para apoiar os propósitos mais valiosos de sua vida - as prioridades são mais importantes do que os objetivos.

TRANSFORMADOR

Reaproprie sua imaginação

Qualquer ferramenta pode ser uma arma, mas tenha certeza de que sua própria imaginação não se tornará uma arma e não será usada contra você. Pense nisso como um item versátil em seu kit de ferramentas para a solução de problemas. Não lhe dê licença para vaguear sobre suas preocupações e ampliá-las. Use-a para explorar soluções em que você, talvez, ainda não tenha pensado.

Faça três mudanças positivas

Todos nós podemos nos beneficiar de um autoquestionamento sério. Quando se sentir pressionado, pergunte-se se mudanças nas seguintes áreas podem ser benéficas: como você passa seu tempo; como você avalia suas prioridades; como você usa o apoio de outros. Resolva fazer pelo menos uma mudança positiva em cada uma delas. Faça este exercício regularmente, de modo que suas mudanças se tornem, ao longo do tempo, uma ampla transformação que honre seu eu mais verdadeiro.

Classifique suas tensões

Faça uma lista de suas principais tensões e classifique-as de 1 (suave) a 10 (extremo) no contexto de sua vida como um todo, incluindo seus valores mais queridos - especialmente amor e autenticidade pessoal. Leve em conta quanto de seu dia um determinado estresse ocupa, quanto tempo é provável que ele dure e quão difícil será resolver os problemas associados a ele. Algumas pressões parecerão diminuídas por este exercício; mas permita-se ser perturbado por estresses realmente desafiadores, tais como perdas ou doenças graves.

Seja sensato

Os papéis exercem pressões que podem ser severas, especialmente quando se chocam (mãe/gerente; colega de trabalho/amigo; e assim por diante). Uma armadilha é a sensação de que você está ficando aquém do ideal - talvez em contraste com outra pessoa no mesmo papel. Lembre-se de que somos indivíduos, com circunstâncias, necessidades e habilidades diferentes. Defina seus valores de acordo com sua própria percepção: ficar aquém dos padrões de outra pessoa não é necessariamente ficar aquém em nenhum sentido significativo. Mesmo no local de trabalho, você tem o direito de discordar da avaliação de um empregador, especialmente quando as pressões o impedem de dar o melhor de si.

Acrescente calma a seus principais objetivos

Parar de vez em quando para medir seu progresso é normal em qualquer situação de pressão. Quaisquer que sejam seus objetivos, faça da paz de espírito um deles - e dê prioridade a isso, mesmo que isso signifique rebaixar os objetivos relacionados às suas pressões.

TRANSFORMADOR

Faça das pausas uma prioridade

Em situações de pressão, você pode estar relutante em tomar até mesmo 15 minutos de pausa - lavrando com determinação através de sua carga de trabalho ou preocupando-se que outros considerem sua pausa como autoindulgente. A verdade é que é contraproducente não fazer pausas. Além de fazer de dois a quatro intervalos diários, honrar suas rotinas regulares de lazer ou condicionamento físico - cuidar do bem-estar e da saúde física devem ser prioridades absolutas, dando a você saídas que ajudem a evitar o esgotamento.

Cultive o fluxo

Pensar no tempo como uma commodity em suprimento limitado nos distrai da qualidade do que estamos fazendo - seja completando um relatório da empresa ou limpando uma casa após o falecimento. Ao contrário da obsessão pelo tempo, é o estado do fluxo, ou estar no "foco". Focado no compromisso atual, você perde todo o senso de passagem do tempo. A curiosidade e a inspiração encorajam o fluxo, mas você também pode atingir este estado produtivo e gratificante através de um compromisso de todo o coração. Isto, muitas vezes, envolve uma apreciação de fazer algo bem - até mesmo uma tarefa que você temia. Além disso, se você pode cultivar o fluxo fazendo algo que você ama, isso pode contrabalancear as pressões em outras partes de sua vida.

COMO LIDAR COM A DÚVIDA DE SI MESMO

Muitos de nós nos engajamos continuamente na autoconferência negativa, nos colocando no chão por falhas percebidas e, muitas vezes, ilusórias. Colocadas à prova, as pessoas que duvidam de si mesmas acreditam estar mal equipadas para lidar satisfatoriamente com os desafios. O remédio pode envolver: perdoar os próprios erros; aceitar e celebrar o indivíduo único que você é; identificar suas principais habilidades e pontos fortes; ser generoso e compassivo com os outros - uma estratégia que aumentará sua autoestima.

Trace as causas da dúvida de si mesmo

A dúvida própria surge de experiências passadas, mesmo que remontem à infância. Ela pode ser influenciada pelo caráter ou comportamento de um dos pais, ou por um ou mais episódios particulares - por exemplo, de bullying, fracasso em exames, ou rejeição de vários tipos. O resultado pode ser que você fique preso em um ciclo vicioso. Diante de uma situação particular, você tem uma baixa expectativa de sucesso; então, sua ansiedade sabota seu desempenho; e isso deprime ainda mais sua autoestima. Invoque a coragem de olhar para si mesmo com lucidez. Compreender os fatores que lhe roubaram a confiança lhe dá uma boa base para começar a se ver mais positivamente - como alguém que tenta dar o melhor de si para viver de acordo com seus valores.

Freie um ciclo vicioso

O oposto do ciclo vicioso da dúvida de si mesmo (ver acima) é o ciclo virtuoso da autoestima. Sua confiança lhe permite invocar boa motivação, esforço e persistência; assim, você atinge seu objetivo; e isso aumenta ainda mais sua confiança. Uma boa maneira de iniciar este ciclo positivo é escolher uma meta que esteja ao seu alcance se você se esforçar um pouco. Se você falhar, tente novamente. Desde que você escolha metas que não estejam além de sua capacidade, você logo alcançará um modesto sucesso. Celebre e faça disto a rampa de lançamento para apontar para outro objetivo, mais difícil.

TRANSFORMADOR
Encontre o seu melhor "eu"

Todos nós temos pontos fortes e devemos explorá-los o máximo possível, encontrando cenários adequados para colocá-los em prática. Sentir que você está fazendo algo com um alto padrão é um reforço geral da confiança. As habilidades das pessoas, em particular, tendem a ser subvalorizadas por aqueles que as possuem. Se você é um bom ouvinte ou comunicador, ou faz com que as pessoas se sintam desejadas ou apreciadas, esta é uma habilidade-chave, valiosa em uma série de situações, incluindo o local de trabalho. Outros pontos fortes incluem: paciência; prudência; imparcialidade; flexibilidade; entusiasmo; persuasão. Saiba no que você é bom e aproveite todas as oportunidades para se destacar.

Erros bem-vindos

Agir com autoconfiança significa aceitar que em algum momento você será obrigado a cometer erros. Trate-os não como fracassos, mas como valiosas oportunidades de aprendizagem. Cada erro é um marco para o crescimento pessoal. Nunca perca tempo lamentando não ter feito as coisas de maneira diferente.

Evite a automarcação

Você pode imaginar que a autocrítica é construtiva. Isso pode ser verdade quando você está olhando para trás para uma experiência e aprendendo com seus erros. No entanto, não é útil lançar continuamente um olhar julgador sobre o que você está fazendo, como se um comentarista interno tivesse se instalado em sua consciência. "Estou fazendo isto bem?" é uma pergunta útil. "Mas como outros irão julgar isso?" não é. A diferença é que a primeira pergunta implica um desejo de orientação, a segunda, de validação. Empenhe-se plenamente para obter os melhores resultados: o autojulgamento contínuo torna isso impossível.

COMO LIDAR COM AS CRÍTICAS

Quando criticados, nossa resposta instintiva é, muitas vezes, a justificativa: um súbito impulso para nos defendermos de nosso "acusador", corrigindo o que percebemos como falso julgamento. As emoções entram em jogo instantaneamente - seja raiva, indignação, ressentimento, vergonha, desconforto, ou uma mistura deles. Um componente da mistura, frequentemente, é a sensação de que esta pessoa não tem o direito de ser crítica - talvez seu próprio comportamento seja menos do que o ideal. Em resumo, a crítica raramente traz à tona o que há de melhor em nós. Entretanto, isto é lamentável, porque a crítica dirigida com precisão pode e deve fazer exatamente isso: ou seja, elevar o nível de seu desempenho.

Ouça o final

Cuidado para não pular para responder ao seu avaliador antes que ele tenha terminado a crítica. Não se apresse em uma maré de emoção para se defender. Em vez disso, escute com paciência até que ele tenha terminado. Ele pode terminar com uma nota positiva ou encorajadora, o que você perderia se saltasse de repente para se defender.

Pese cada ponto

Evite pensar que este é um assalto frontal completo. Ouça cada um dos pontos levantados, incluindo os pontos subsidiários, e avalie-os separadamente. Cada um, se sinceramente pretendido, merece uma resposta. Pense antes de responder. Permita que quaisquer emoções diminuam. Seja o mais sistemático possível no que você disser, enfrentando primeiro as questões mais sérias, ou então, procedendo na ordem em que as questões foram apresentadas a você.

TRANSFORMADOR

Panorâmica da verdade

É preciso uma quantidade considerável de autodomínio para considerar o mais objetivamente possível se existe alguma verdade em uma crítica; mas o esforço vale a pena. Ignore, por enquanto, a maneira como você foi criticado (pode ter sido, por exemplo, insensível ou grosseiro) e concentre-se inteiramente na substância. Há grãos de verdade a serem tirados do fluxo? Se sim, considere-os como presentes valiosos para seu autodesenvolvimento. Em qualquer caso, você terá aprendido como uma pessoa o percebeu, e isso em si mesmo é instrutivo.

Faça perguntas

Para responder eficazmente às críticas, seja defendendo-se ou aceitando os pontos levantados (ou uma mistura dos dois), você precisa compreender a(s) acusação(ões). Se alguma coisa não estiver clara, faça perguntas - tenha em mente que isto não implica sua concordância. As críticas fora do local de trabalho, geralmente, se concentram no alegado impacto de seu comportamento sobre outra pessoa. Certifique-se de olhar para as coisas do ponto de vista deles. Ajustar sua perspectiva sobre a vida é bom para você. Familiarize-se com as circunstâncias da pessoa para compreender melhor sua situação difícil.

Fique calmo no trabalho

Se seu chefe oferecer críticas (seja dentro ou fora dos procedimentos de análise de desempenho), trate isso como treinamento útil se você acreditar que é bem-intencionado.

Se a crítica for apresentada de forma construtiva, como orientação para o futuro, não há necessidade de se envergonhar ou ser agressivo. Chefes irracionais e agressivos, é claro, não são incomuns. Se você se sentir injustamente tratado, às vezes, pode ser sábio dar a aparência de obediência - pelo menos por algum tempo. Se você optar por ser enérgico, faça-o quando e como isso lhe for mais conveniente. O contra-ataque instantâneo, raramente, funciona com valentões. Obtenha pacientemente o apoio de outros antes de tomar uma posição.

Agradeça a honestidade

Pode exigir coragem pedir a alguém que altere seu comportamento: a pessoa que toma a iniciativa corre o risco de ter uma experiência desconfortável, ou mesmo de perder um relacionamento valorizado. Mesmo que você não concorde totalmente (por exemplo, com um amigo que acha que seu novo parceiro é uma má escolha para você), é bom prestar tributo à coragem e sinceridade de falar claramente.

TRANSFORMADOR

Evite desculpas

Ao receber críticas que você acredita serem justas, sufoque o impulso para arranjar desculpas para si mesmo. Às vezes, é melhor ficar quieto sobre quaisquer circunstâncias atenuantes. As desculpas, muitas vezes, encobrem a verdade. Por exemplo, se você disse que o problema era a falta de tempo, a verdade pode ser a falta de gerenciamento de tempo.

COMO LIDAR COM O PÂNICO E A ANSIEDADE

O pânico é um agudo surto de ansiedade que turva o julgamento, fazendo com que as pessoas se comportem impulsivamente de formas que muitas vezes são autodestrutivas. Um ataque de pânico, que dura de alguns minutos a meia hora, é também uma condição clinicamente reconhecida, com sintomas como náusea, falta de ar, batimento cardíaco rápido ou irregular, suor e vertigem. O pânico social é um tipo particularmente comum, quase invariavelmente derivado da baixa autoestima. Alguns métodos rápidos para lidar com o pânico e formas menos extremas de ansiedade são dados abaixo, seguidos por algumas recomendações a longo prazo para desenvolver uma mentalidade mais calma.

Faça caminhada

Esta solução de emergência pode ser eficaz para acalmar os nervos. Encontre um lugar onde você possa caminhar em círculo ou em série de círculos, ou para cima e para baixo por alguns minutos. Os lugares adequados podem incluir um jardim ou parque ou o pavimento ao redor de um pequeno quarteirão da cidade. Uma vez iniciada, conte em voz alta ou em voz baixa de 1 a 4 repetidamente. Inspire para os primeiros quatro passos, expire para os próximos quatro, e continue este padrão repetidamente. Faça o exercício por pelo menos três minutos. Uma forma mais avançada de fazer este reparo rápido é fazer seis passos para cada inspiração e expiração.

Respiração do ventre

Quando não há oportunidade de andar por aí, você pode fazer um exercício respiratório antiestresse enquanto sentado.

Pare seus processos de pensamento e concentre-se em seu corpo. Coloque uma mão sobre seu estômago, abaixo da caixa torácica; a outra sobre seu peito. Inspire profundamente através de suas narinas, deixando a mão na barriga ser empurrada para fora, enquanto mantém a mão no peito imóvel. Feche os lábios, em forma de assobio, e expire através deles, pressionando suavemente o estômago de volta com a mão, como se estivesse ajudando o ar a sair. Repita 10 vezes, concentrando-se nas suas sensações.

Faça um intervalo de 4-7-8

Esta é uma simples extensão do exercício anterior. Inspire por 4 segundos; prenda a respiração por 7 segundos; expire por 8 segundos. Repita por alguns minutos. Se você estiver em uma reunião ou sentado em sala de espera com outros, você pode fazer isso sem envolver as mãos se preferir não chamar a atenção para si mesmo.

Acrescente imaginação

Faça qualquer uma das práticas respiratórias acima, mas, desta vez, pense em cada inspiração como uma ingestão de paz e força, retirada das reservas internas que todos nós temos; e cada expiração como uma evacuação de suas ansiedades. A paz e a força podem, alternativamente, ser tiradas de uma fonte que você considera preciosa, como o amor que você compartilha com seu parceiro ou filhos, ou a sabedoria ou a coragem de um modelo a seguir, ou mesmo a infinita energia cósmica (divina ou material).

TRANSFORMADOR
Conheça seus gatilhos

Em momentos de estresse, tendemos ao pânico de um pensamento inútil para outro, procurando desesperadamente por soluções. Tais tempestades interiores, muitas vezes, surgem em resposta a tipos particulares de gatilhos, que provocam ansiedades pré-existentes, trazendo-as à superfície de nossas mentes conscientes. Entender o que são esses gatilhos, e aprofundar para ver o que poderia tê-los causado, é benéfico porque: 1) você pode aprender a antecipar situações potencialmente estressantes e escolher entre evitá-las ou abordá-las bem-preparado (ver abaixo); 2) uma vez que você saiba que um medo é habitual, torna-se mais fácil de descartar; 3) você pode então começar a substituir as ansiedades habituais por atitudes mais positivas, idealmente com a ajuda de meditações atentas.

Cavalgue através e fora

Um ataque de pânico total pode ser assustador. Procurar algo que o distraia é uma maneira ruim de enfrentar a crise. É melhor cavalgar para fora do ataque, reconhecendo seus medos. Diga a si mesmo que qualquer sintoma físico não é nada perigoso, apenas indício temporário de ansiedade. Seja paciente no conhecimento de que a tempestade vai diminuir se você parar por um tempo e permitir que ela o faça. Respire devagar, inspire pelo nariz e expire pela boca. Algumas pessoas acham útil fechar os olhos por alguns minutos até que tenham se recuperado. Segurar a mão de alguém que você ama pode ajudar enormemente a se acalmar.

TRANSFORMADOR

Cuide de si mesmo

O exercício aeróbico regular ajuda a diminuir os níveis de estresse, alivia a tensão, aumenta seu humor e aumenta sua confiança. Um adulto saudável deve ter pelo menos 150 minutos de exercício aeróbico moderado ou 75 minutos de exercício vigoroso a cada semana. Siga um regime alimentar saudável; evite álcool, cafeína e fumo, pois tudo isso pode piorar os ataques de pânico e ansiedade crônica. Em qualquer caso, eles são meios de evasão e, portanto, nunca podem lhe dar a ajuda a longo prazo que você precisa.

Explore as terapias a longo prazo

Eliminar a ansiedade desnecessária em uma base permanente requer trabalho interno. Tente a meditação da atenção, que pode ser feita sem uma aula: explore on-line ou confira os livros de Jon Cabat-Zinn, Mark Williams e outros. A ideia básica é que você se concentre durante sessões de 20 minutos ou mais em experiências dentro do momento presente - respirando, relaxando seus músculos, expressando um mantra, descascando uma fruta. Se você se distrair, você simplesmente volta sua mente para o foco escolhido, sem se julgar. Outra abordagem gratificante é a terapia cognitiva comportamental, feita com um praticante qualificado.

COMO LIDAR COM O EXCESSO DE TRABALHO

Theodore Roosevelt disse que o melhor prêmio que a vida oferece é "a chance de trabalhar duro que vale a pena fazer". No entanto, trabalhar demais pode ser prejudicial. Demasiado trabalho se transforma em muitas horas por semana - ficar até tarde, trabalhar nos fins de semana. Para alguns, isto é um distintivo de orgulho! Mas a pressão do trabalho pode trazer estresse, irritabilidade, sono deficiente, atraso para eventos fora do trabalho e perturbar a vida familiar normal, amizades e atividades de lazer. O bem-estar prejudicado também traz prejuízos à saúde. Você deve lidar com o excesso de trabalho antes que isso aconteça. Se você não puder reduzir a carga de trabalho, você pode alterar a abordagem adotada, inclinando o equilíbrio entre trabalho e vida pessoal mais a seu favor.

Seja um trabalhador de sessão

O Dr. K. Anders Ericsson, da Universidade Estadual da Flórida, após estudar os melhores desempenhos em várias áreas, descobriu que trabalhar em sessões de 90 minutos, e depois ter um intervalo, é uma estratégia ideal para qualquer ambiente, incluindo o local de trabalho. O intervalo permite que você desanuvie suas tensões musculares e refresque seus níveis de energia, além de descansar e limpar sua mente.

Proteja sua fronteira

A construção de uma rigorosa fronteira mental e emocional entre o trabalho e a casa é uma fórmula útil para a redução do estresse. Se necessário, use sua casa para o trabalho. Mas, quando chegar à porta de casa, mude mentalmente para o modo doméstico: pense em algo pelo qual você está ansioso (ver seu parceiro ou seus filhos, cozinhar, ver um programa de TV). Imagine que suas preocupações de trabalho são mercadorias estrangeiras que não são permitidas além da fronteira. Você não tem escolha a não ser deixá-las para trás.

Resista à inflação do emprego

A inflação do emprego acontece quando os trabalhadores são demitidos: muitas vezes, espera-se que os sobreviventes absorvam sua carga de trabalho, e até mesmo que assumam dois empregos em vez de um. Se isto acontecer com você, é essencial que você defina seus limites e faça com que seu empregador tome consciência deles, mesmo que isto pareça um motim. Não se sinta tentado a assumir dois empregos por causa de 50% a mais de seu salário: os custos em termos de saúde e bem-estar não seriam sustentáveis. De qualquer forma, assuma mais algum trabalho, na condição de que você possa fazer mudanças para facilitar isso - como assumir ajuda autônoma ou perder algumas responsabilidades dispensáveis.

TRANSFORMADOR

Priorize a vida familiar

Muitos que dedicam grande parte de seu próprio tempo ao trabalho fazem-no como um investimento na prosperidade familiar - por exemplo, financiando a compra ou modernização de uma casa ou dando aos filhos um melhor começo na vida adulta. Entretanto, se o excesso de horas extras significa que você sente falta dos destaques da parentalidade à medida que seus filhos crescem, há uma contradição inerente. Você nunca poderá recuperar experiências perdidas, como jogos escolares e dias de esportes, cerimônias de premiação, fins de semana na praia. Seja implacável ao reservar tempo de qualidade para a família - não apenas noites depois de um longo dia de trabalho. Ninguém poderia acusá-lo de ser egoísta.

Seja amigo de colegas de trabalho

Esta frase é ambígua e precisa de interpretação cuidadosa. A ideia não é que sua vida social gire inteiramente em torno dos colegas de trabalho - é saudável passar tempo com amigos de outros setores da vida. Entretanto, no horário de trabalho, é útil ter uma rede de aliados que se apoiem uns aos outros, prática e emocionalmente. Dessa forma, se a pressão do trabalho aumentar, você pode conferir respostas adequadas. Mesmo que não haja um sindicato, um grupo de trabalhadores com os mesmos interesses poderá, muitas vezes, resistir a acréscimos injustificados à carga de trabalho pessoal.

Não seja perfeccionista

Isto significa baixar os padrões em áreas cuidadosamente selecionadas para "adequado" em vez de "perfeito" quando as pressões de carga de trabalho tornam a perfeição generalizada inalcançável. Envolva seu chefe ou seus colegas de trabalho sênior na questão de onde se comprometer para garantir o consenso sobre as prioridades.

TRANSFORMADOR

Purifique seu tempo

Os ladrões de tempo abundam no moderno ambiente de trabalho. Os principais culpados são os e-mails e as mensagens de texto, voz e as redes sociais. Desligue seu e-mail e as notificações de celular por longos períodos. Evite a tentação de se manter atualizado com as notícias. Diga a todos que você só responderá a e-mails que exijam uma resposta - guarde seus agradecimentos para mais tarde. Não copie pessoas desnecessariamente: ninguém fica bem servido com as horas extras que isso consome. Tenha o hábito de não verificar os e-mails de trabalho nos fins de semana ou nas férias.

Almoce corretamente

Uma pesquisa americana mostrou que mais de 35% das pessoas almoçam em sua mesa de trabalho todos os dias e a maioria dos funcionários não faz pausas suficientes para renovar suas energias. Use o almoço para seus múltiplos benefícios - uma mudança de cenário, uma chance de socializar, comer saudavelmente, esticar as pernas e dar uma pausa ao seu cérebro.

Mantenha-se em forma e durma bem

Especialistas aconselham que quando a pressão do trabalho o leva a pular as rotinas de exercícios regulares e dormir tarde da noite, o problema do excesso de trabalho é exacerbado. Os trabalhadores que não dormem são menos eficientes, gastando mais tempo em tarefas.

COMO ENFRENTAR SEUS MEDOS

Às vezes, os eventos esperados no futuro geram ansiedade tão forte que você pensa em seus sentimentos em termos dramáticos: "Eu temo esta entrevista [ou jantar ou conversa difícil]", você poderia dizer a um amigo. O "temido" pode não ser muito exato, mas uma vez que você usa a palavra "temido", você pode colorir como você pensa sobre si mesmo. Assim, os medos se solidificam em torno do vocabulário que você emprega, o que muitas vezes simplifica demais ou exagera. Além disso, pode haver uma tendência embutida, alimentada pela imaginação, de antecipar os piores cenários. A melhor maneira de enfrentar seus medos é se afastar da especulação e tentar ver seu próximo desafio de forma mais desapaixonada.

Encolha o improvável

As probabilidades significam pouco para a mente medrosa: mesmo que a chance do pior resultado seja de 1 para 100, este pode ser o resultado que você começa a esperar, a menos que você possa se destacar o suficiente para ver as realidades da situação.

Evite o fracasso autorrealizável

Esperar o pior pode, às vezes, contribuir para que isso aconteça. Por exemplo, se você estiver ansioso para fazer um discurso, seus nervos podem comprometer seu desempenho. Em tais situações, acalme-se antecipadamente com um exercício de respiração ou meditação rápida. Resolva afastar as ansiedades de seu campo de visão, permitindo que você se concentre no que é importante: isto é, aproveitar suas habilidades e conhecimentos, e usá-los adequadamente. Se você acredita que não tem habilidades suficientes, pense novamente: todos nós temos nossos talentos e apenas ser você mesmo é a melhor maneira de garantir que eles estejam na ponta de seus dedos quando necessário.

TRANSFORMADOR

Despersonalize a sorte

"Eu sou o tipo de pessoa a quem acontecem coisas ruins". Mesmo que não seja enquadrado nestas palavras, este é um sentimento comum para aqueles que experimentaram resultados negativos no passado. Evite pensar em si mesmo como uma vítima do destino: você pode ter tido azar até agora, mas amanhã você pode navegar através de seus desafios com tudo seguindo seu caminho.

Aproveite a boa vontade

Uma mentalidade de vítima tende a ver as outras pessoas como julgadoras – e, esperando que você falhe. Na verdade, as pessoas são, geralmente, mais benignas do que isso. A maioria perdoa pequenos erros, ou mesmo grandes - sabendo que em seu lugar eles podem ter caído nas mesmas armadilhas. Pense no apoio e na boa vontade ao seu redor e aproveite-o como uma fonte de força. Você não está sozinho para enfrentar seu desafio: você tem apoio, até mesmo aliados amorosos.

COMO ACALMAR SUAS EMOÇÕES

As emoções evoluíram ao longo de milênios para ajudar os primeiros seres humanos a lidar com os desafios em um ambiente difícil. Elas operam por surtos químicos desencadeados pela parte mais primitiva do cérebro (sistema límbico) para gerar alertas instantâneos. Sua vantagem para nós é que eles operam muito mais rapidamente do que o pensamento consciente, que ocorre em regiões mais avançadas do cérebro; e nós podemos aprender lições importantes com eles. No entanto, a velocidade vem à custa da precisão. Nossas emoções não nos dão os melhores resultados de forma confiável e podem nos impulsionar para o pior - pense na maneira como a raiva e os ciúmes podem sabotar seus interesses. A gestão emocional é uma importante habilidade de vida.

Desprenda-se, aceite e considere

Quando surge uma emoção, seu impacto, muitas vezes, será distorcer seu estado normal de equilíbrio mental e físico - pode haver manifestações físicas (tremor, suor, falta de ar) e/ou um impulso para um comportamento não característico (agressão, gritos, rudeza, intemperança). Entre no hábito de autoexame sempre que uma emoção se manifesta. Recue mentalmente e observe suas manifestações a partir do exterior, enquanto aceita que elas são uma resposta humana natural ao que quer que tenha ocorrido - embora natural não signifique necessariamente benéfico. Envolva sua mente conscientemente, para considerar qual deve ser sua resposta. Emoções são reações, automáticas e instantâneas; enquanto a mente consciente lida com as respostas, consideradas e avaliadas. Não se sinta culpado por emoções negativas: apenas levante-se acima delas e escolha o que você diz ou faz, em vez de ser empurrado para dentro delas.

TRANSFORMADOR

Escreva, fale e compartilhe

Escrever sobre suas emoções e seu impacto - por exemplo, em um diário ou caderno - ampliará seu entendimento, o que é um primeiro passo necessário na gestão emocional. Muitas vezes, nos esquivamos do que estamos sentindo no fundo. Ser capaz de fixar nossas emoções em palavras faz com que seja menos provável que as engarrafemos dentro de nós mesmos - sempre uma abordagem perigosa. Além disso, é terapêutico compartilhar - com nosso parceiro de vida, amigos ou família. A abertura sobre suas experiências emocionais ajuda a desenvolver um vocabulário descritivo útil, que você pode, então, usar com alguém que possa estar causando transtornos emocionais. Ser capaz de comunicar o que você sente é a chave para a solução de problemas emocionais. Os homens, em particular, se beneficiariam de ser emocionalmente mais expressivos - as mulheres tendem a achar isso mais fácil.

Retenha-se do conflito

A raiva e o ciúme, intimamente relacionados e, muitas vezes, sobrepostos, podem nos levar à beira do conflito (até mesmo à luta) e além dele. Vale sempre a pena tentar se distanciar e considerar antes de alcançar o limiar crítico onde a emoção se converte em ação de piloto automático. Uma vez iniciado, o conflito verbal ou físico envia novas emoções exageradas em todas as direções. Mais fácil de resolver é a tensão: a fase antes do início do conflito. Convoque todo o tato e autocontrole à sua disposição. Arranje uma desculpa para terminar qualquer conversa que pareça estar caindo da beira do penhasco.

O tempo dá a ambas as partes a chance de tentar novamente, menos explosivamente.

Evite a queima lenta

Ressentimento, desprezo e ciúme, em contraste com a raiva, são emoções persistentes que, muitas vezes, florescem mesmo quando seu gatilho está fora de alcance. Elas se instalam em seu coração. Este processo é autoflagelo. A maneira mais eficaz de se desintoxicar é deslocar essas emoções negativas por um par de positivas: aceitação e perdão. Expresse-as formalmente a si mesmo como um voto explícito e uma bênção.

Desmascare negativas disfarçadas

Certas emoções aparentemente positivas podem ter um lado negativo. Um exemplo notável é o orgulho, que pode conter um elemento de arrogância. A indignação - por exemplo, perante a injustiça - pode cair em amargura excessiva. Antes de agir com retidão sobre uma emoção, pergunte-se se ela está revelando uma fraqueza em vez de uma força.

Derrote a vergonha

Expressar efetivamente como você se sente é, muitas vezes, dificultado pelo constrangimento - o desconforto vem com a exposição. Por trás disso pode estar uma crença profundamente enraizada, sancionada por normas sociais, de que falar sobre suas emoções é autoindulgente. De fato, a sociedade ocidental está avançando na validação da autoexpressão emocional, mas em muitas áreas da vida ainda há progressos a serem feitos. Faça sua própria contribuição à tendência, reconhecendo as emoções sem vergonha: todos as têm. Expresse suas necessidades pessoais com confiança (desde que você acredite que elas sejam válidas), já que ninguém mais as expressará para você.

TRANSFORMADOR

Faça uma varredura corporal

A ideia de que as emoções são uma espécie de clima interior é central para a meditação da mente. Em certo sentido, as emoções são como ventos, enquanto os pensamentos são como nuvens. As emoções não são puras, porque uma vez que você tenha uma, você começará a pensar sobre ela; e você também pode ter sintomas físicos que também geram pensamentos. Na meditação da mente, você se afasta desta mistura turbulenta de clima interior e se concentra em algo específico. Quando você se concentra nas sensações em seu corpo enquanto está sentado em uma cadeira ou deitado, isto é chamado de meditação de varredura corporal:

1) Sente-se, esvazie sua mente o máximo possível, retarde sua respiração, e então mova seu foco ao longo de seu corpo do topo da cabeça para os dedos dos pés (inclua braços e pernas) enquanto você reconhece as sensações em seus músculos e em sua pele - incluindo o toque de roupas.

2) Imagine-se respirando em cada área do corpo na qual seu foco está apoiado.

3) Se sua mente começar a vaguear, apenas retorne seu foco ao corpo e continue como antes, sem se julgar por qualquer lapso.

4) Faça isso por meia hora ou mais, pelo menos duas vezes por dia, durante seis dias a cada semana. Um programa completo de mediação de consciência dura 8 semanas.

Dê espaço

Hoje em dia, as pessoas costumam falar em criar espaço para as emoções - um clichê, mas um clichê útil. A metáfora é muito mais útil do que a ideia de colocar uma tampa ou mantê-los sob controle através de um esforço. A verdade é que não se pode ser mais forte do que as emoções. Entretanto, se você se abrir para elas, você cria um espaço mental onde você pode vê-las claramente - de um ponto de vista distante.

COMO LIDAR COM PROBLEMAS DE DINHEIRO

"Mantenha o dinheiro na cabeça, mas nunca no coração". Este velho ditado coloca o dinheiro em sua verdadeira perspectiva. Entretanto, uma escassez pode causar grande estresse, mesmo para pessoas que não estão nem perto das definições oficiais de pobreza. Problemas comuns são a dívida (incluindo o pagamento de hipotecas) e o custo de criar uma família ou comprar assistência médica. Ser despedido, ou precisar substituir um carro ou fazer um grande conserto doméstico, pode causar um choque que estica sua resiliência. Uma mistura de soluções práticas e mentais, e um foco no que realmente importa, pode ajudá-lo a colocar o dinheiro em seu lugar.

Desmistifique o dinheiro

Conhecer as taxas de juros e de câmbio, a inflação, etc., pode ajudar a fazer a economia parecer menos com uma das artes negras. Leia as páginas financeiras da imprensa diária ou de fim de semana; procure quaisquer palavras que você não consiga entender. Você ficará menos assustado com as finanças e mais capaz de ver seus problemas financeiros de forma realista - e menos propenso a contrair dívidas a taxas de juros insustentáveis.

Evite endividamento demoníaco

A dívida, para muitos, pode parecer quase insuportável. Entretanto, se sua dívida não for excepcional, não pense nela em termos metafóricos como um fardo. A dívida sustentável pode ser pouco perceptível em termos práticos, cotidianos. De qualquer forma, pague as dívidas o mais rápido possível: isto lhe poupará dinheiro a longo prazo. O importante, no entanto, é sua renda e suas despesas, e se você e sua família podem pagar o que precisam.

TRANSFORMADOR

Acumule riqueza interior

O psicólogo Ryan T. Howell escreveu: "Depois que as necessidades básicas de uma pessoa são atendidas... a relação entre renda e felicidade é bastante pequena". A tendência de viver de forma mais simples e menos apegada às coisas materiais (como os budistas pedem), reflete a ideia de que o dinheiro não pode comprar a felicidade. Auditar seus bens em termos de suas relações (particularmente amorosas), sua apreciação da natureza e outras coisas boas (artes, esportes, ideias, criatividade, humor e afins), e sua independência de espírito. Os milionários podem ser mais miseráveis do que os pobres, assim como as pessoas saudáveis podem ser menos felizes do que aquelas com uma doença crônica. A reflexão sobre onde está sua verdadeira riqueza pode ser um tônico energizante quando você está sentindo o beliscão.

Rejeite o simbolismo do dinheiro

Mesmo que a riqueza monetária não o faça mais feliz, algumas pessoas acham que ser bem pago e ter uma casa e outros bens caros e um estilo de vida luxuoso é desejável ou mesmo psicologicamente necessário, pela impressão grosseira de sucesso que assim é apresentada ao mundo. Rejeite esse pensamento superficial. Cultive o sucesso de acordo com seus próprios termos. Viver bem com um orçamento limitado também pode ser julgado como uma conquista. Neste contexto, "bem" é algo que só você pode definir.

Seja parcimonioso

A parcimônia é uma virtude antiga: a capacidade de levar uma boa vida enquanto limita seus gastos ao mínimo. Isto é, em parte, uma questão de ser "sábio em um centavo" e lutar contra o desperdício. Remendar em vez de substituir é consistente com o temperamento dos tempos. A economia envolve evitar o aterro sanitário. O que é bom para a alma e para o bolso é bom para o planeta.

Orçamento frio

Você precisa enfrentar a realidade: dê uma longa olhada fria em sua situação atual e faça um orçamento de seus gastos e pagamentos futuros da dívida. Fazer isso com um parceiro torna o processo mais colaborativo e, muitas vezes, menos estressante - concorde em não discutir. Faça algo relaxante de antemão e planeje uma diversão para depois como um incentivo. Planeje para o mês, e para horizontes de 6 meses, 1 ano e 2 anos. Procure ajuda profissional se parecer não haver como pagar os custos essenciais.

Capítulo 2
Mudança, Risco e Fracasso

Uma vida sem mudança e risco não seria uma vida. Toda vez que embarcamos em uma meta ou projeto, corremos o risco de falhar. Em qualquer caso, mesmo que sejamos avessos ao risco, os choques nos atingirão. Acreditar na permanência é uma receita para a automutilação. É melhor construir resiliência, seguindo as diretrizes deste capítulo, e lidar com a frustração e a decepção à medida que elas acontecem - ao mesmo tempo em que fazemos ajustes cuidadosos no estilo de vida para aumentar nossas chances de realização.

COMO QUEBRAR MAUS HÁBITOS

Nossas formas habituais de responder a determinados tipos de desafios sempre que eles se repetem tendem a se enraizar: entramos no que os psicólogos chamam de modo de "autorresposta". Aceitamos o desapontamento nos relacionamentos. Tendo vivido uma experiência ruim, podemos ter dificuldade de formar laços satisfatórios no futuro. Da mesma forma, se o trabalho ou outras pressões nos levam a refugiar-nos em vícios como o álcool, comer em excesso ou à TV, pode ser difícil quebrar o padrão. O segredo é estar ciente de seus padrões automáticos, ver o mal que eles estão fazendo e resolver com atitudes mais positivas.

Controle seus vícios

Um vício não precisa ser uma condição médica. É útil pensar em qualquer dependência habitual de estímulos externos como potencialmente prejudicial - você poderia estar fazendo algo mais saudável e produtivo em vez disso. Faça uma lista dos adereços que você usa para combater o estresse ou a adversidade, e os veja pelo que eles são: limitações à sua realização pessoal. Faça um plano para se livrar deles.

Comece pequeno

Quando você considera quais mudanças são desejáveis, a lista pode acabar sendo assustadoramente longa. Mas, isso pode ser menos inibidor do que planejar uma mudança única e mais radical. Dividir seu plano de transformação em pequenos passos, para que você possa alcançar cada um deles com mais chances de sucesso; celebrar a passagem de seus marcos de progresso.

TRANSFORMADOR

Ensaie a mudança

Tentar experiências não familiares, fora de sua zona de conforto, pode ajudá-lo a se aclimatar para mudar em geral e prepará-lo para a quebra efetiva de hábitos - especialmente quando as experiências se revelam agradáveis ou produtivas. Pense em alguns hábitos inofensivos que você pode quebrar para praticar o combate aos danos.

Concentre-se nos melhores resultados

Pense na quebra de hábitos como uma ação positiva em vez de negativa - você está semeando uma trama pessoal de maior realização. Aguarde com prazer, em detalhes vívidos, como a vida poderá ser quando você fizer suas mudanças necessárias.

Recorra ao apoio

Informar pessoas simpáticas sobre seu projeto de mudança não apenas reforçará sua rede de apoio, mas o motivará a ser fiel à sua palavra - a maioria de nós prefere ver os amigos alcançando nossos objetivos declarados, ou pelo menos se esforçando obstinadamente para alcançá-los.

Dê um contexto às resoluções

Fazer uma resolução - tradicionalmente no Ano Novo - é uma estratégia comum de quebra de hábito. Entretanto, isto raramente dá frutos, pois o desejo de mudança não é sustentado pelo poder real. É melhor fazer uma autoanálise consciente. Comece por identificar padrões recorrentes em seus pensamentos e emoções. Sonde seus sintomas, gatilhos e causas finais. Reconheça que estes padrões não são, de forma alguma, inescapáveis. Faça um plano positivo para deslocá-los.

TRANSFORMADOR

Valorize os três pilares

As três virtudes mais necessárias para fazer mudanças para melhor em sua vida são flexibilidade, resiliência e coragem. Flexibilidade é o pensamento ágil e a capacidade de não ser prejudicado por padrões negativos de comportamento passado. Resiliência é o poder da resistência - enfrentar adversidade, desconforto, impopularidade ou qualquer outra experiência difícil em prol de um futuro melhor. A coragem é a energia para tomar ações difíceis de forma decisiva e segui-las até o sucesso - você pode sentir medo, como diz Susan Jeffers, mas você o faz de qualquer forma. Valorizar estas qualidades é o primeiro passo para construí-las em sua vida, como um aspecto de seu caráter. Trate-as como habilidades básicas de vida. Pense em alguém que você conhece que as demonstra de forma convincente e aprenda como um modelo a ser seguido.

Responda, não reaja

Uma reação é automática e irrefletida - algo ligado à nossa herança mental e emocional. Uma resposta é mais lenta, frequentemente, mais complexa e baseada na intuição. As respostas sempre lhe trarão um resultado mais original e mais gratificante. Trate a intuição como uma bússola. Muitas vezes, ela estabelecerá um caminho mais confiável para você do que o que você acredita ser puro raciocínio - esquecemos que nosso raciocínio é, muitas vezes, colorido por nossas emoções.

Veja a mudança como uma aventura

Um futuro desconhecido, muitas vezes, nos enche de medo, mas a excitação é um sentimento mais produtivo. Ao deixar de lado os maus hábitos e optar por mudanças concretas em sua vida, você entra em um terreno totalmente novo. À medida que você viaja, aproveite as descobertas que você faz - sobre quem você é e o que você pode ser no futuro. Hábitos arraigados obscurecem qualquer sentido verdadeiro de si mesmo.
À medida que sua percepção se esclarece, você encontrará habilidades, inclinações, aptidões e interesses que estão longe de ser previsíveis.

Crie ordem dentro do fluxo

Estabeleça algumas rotinas agradáveis e inofensivas para dar à sua estrutura de vida à medida que você avança através de mudanças positivas. Elas podem incluir alguns tratamentos de autocongratulação, idealmente aqueles que você compartilha com seus entes queridos. Faça tudo que puder para manter relacionamentos saudáveis e amorosos, por mais difícil que seja sua viagem de transformação - é importante não ver o mundo apenas em termos de você mesmo e de seus desafios. Lembre-se de dar; mantenha suas simpatias abertas.

COMO LIDAR COM A DECEPÇÃO

Quer estejamos decepcionados com os outros, com nós mesmos, ou com algo que ninguém poderia ter conduzido a nosso favor, o resultado é uma emoção corrosiva, em qualquer lugar do espectro, de levemente deprimente a massivamente enfraquecido. A atitude saudável para a decepção é liberar o sentimento o mais rápido possível, pois, mesmo de forma suave, é negativo, tendendo sempre a obscurecer o que é benéfico em nossas vidas, incluindo as opções para o sucesso futuro.

Tenha uma visão ampla

O foco muito próximo em uma decepção individual tende a aumentar sua intensidade. Tente imaginar o incidente na perspectiva de todo um capítulo de sua vida – talvez, a estrutura de suas ambições, ou mesmo um período específico, seja um mês, um ano ou mais.

Cuidado com a repercussão emocional

Como todas as emoções, o desapontamento pode ser um terreno fértil para formas mais agressivas de negatividade - por exemplo, raiva, amargura, ressentimento, inveja. Para evitar isso, tente estar atento às suas respostas, corrigindo com o máximo de desprendimento possível quaisquer tendências crescentes que você perceba.

Deixe os efeitos se instalarem

Após o impacto inicial, deixe que o tempo de desapontamento se instale antes de decidir sobre uma resposta concreta. Não formule seu próximo passo até que você tenha se permitido experimentar plenamente a emoção. Aceite que suas percepções inicialmente serão borradas. Escale seu período de assentamento emocional em proporção à intensidade do impacto - quanto mais profundo o choque, mais tempo você precisa deixar para que sua mente esclareça.

TRANSFORMADOR
Separe o fato da ficção

A autoilusão, muitas vezes, entra em jogo com o desapontamento. Você pode sentir que foi tratado injustamente, ou um único pequeno deslize o impediu de triunfar, ou pressões de outra área da vida tornaram impossível dar o melhor de si. Pode haver verdade em tais considerações, mas ajuda se você puder convocar um desprendimento que lhe permita ser verdadeiro sobre o que realmente aconteceu. Dessa forma, você tomará melhores decisões sobre o caminho a seguir.

Faça as cinco etapas

Use estas cinco etapas (idealizadas por psicólogos) para seguir seu caminho. 1) Reconheça o desapontamento; 2) Desprenda-se - não o leve muito pessoalmente, permitindo que ele defina quem você é; 3) Reavalie suas expectativas - talvez elas tenham sido colocadas muito alto, ou insuficientemente adequadas ao seu conjunto de habilidades; 4) Veja o evento na perspectiva mais ampla, procurando qualquer lado positivo - o que você pode aprender com isto? 5) Tente novamente, de um ângulo diferente, se possível - ou mude sua intenção à luz do que você aprendeu na etapa 4.

COMO LIDAR COM A FRUSTRAÇÃO

A frustração ocorre quando seus esforços são frustrados de alguma forma, de modo que um resultado esperado não se concretiza. O gatilho pode ser interno (falta de sucesso na aplicação de seus melhores esforços) ou externo (alguém ou algo que não se comporta de acordo com seus desejos). Uma causa comum é ser obrigado a perder tempo - geralmente em uma fila ou congestionamento de algum tipo. Quando os planos de viagem não correm bem, o resultado pode ser imposto como ociosidade e enormes inconvenientes e custos e, prevalecendo sobre tudo isso, a oportunidade perdida de chegar a um acordo. A dificuldade em completar um projeto ou aprender uma habilidade ou procedimento também é um fator desencadeante frequente.

Trace um fio positivo

A frustração é sempre um desperdício psicológico, pois envolve a canalização de sua energia para um cenário bloqueado, em vez de avançar para uma ação construtiva. Recue e veja como a frustração amarrou seu nó inútil em seus processos de pensamento. Desfaça o nó - ou seja, pegue um fio da situação e veja como agir de alguma forma pode abrir caminho para melhores resultados e melhores sentimentos sobre si mesmo.

Proíba o nó das emoções

Uma vez que você reconheça a frustração, esteja atento à armadilha de emoções prejudiciais como raiva, baixa autoestima, desesperança, estresse ou depressão. Afirme para si mesmo que você não vai descarregar sua frustração nas pessoas que estão perto de você - estas são as próprias pessoas cujo apoio e simpatia você precisa. Traga a intuição à tona: examine e, se necessário, retenha seus impulsos.

Encontre o sucesso em meio ao fracasso

Talvez, pelo menos uma ou duas coisas estejam funcionando dentro de um cenário frustrante? Por exemplo, se seu transporte estiver atrasado, isso poderia ser visto, em parte, como mais tempo para rabiscar algumas ideias criativas, pensar seriamente ou ter uma conversa gratificante. Ou se um comprador de seu apartamento se retirar, talvez você tenha mais tempo para dizer adeus corretamente a seus vizinhos. Não pese os positivos e negativos na balança: apenas agradeça por quaisquer positivos que existam.

TRANSFORMANDOR

Evite uma visão egocêntrica do mundo

De vez em quando, reflita sobre quais forças operam em seu mundo. Não há força que funcione automaticamente para lhe trazer bons resultados. Isso se deve a uma mistura de seus próprios esforços e dos esforços de seus apoiadores, além de boa sorte. Aceite a má sorte quando ela acontecer - muitas vezes, ela acontecerá. Tudo o que você pode fazer, como diz o clichê, é mudar o que você pode e aceitar o que deve.

Vá contra

Ir contra a essência de suas habilidades e temperamento pode ser uma boa maneira de se desafiar, mas tal estratégia tem seus limites. Jogar contra suas forças e não contra suas fraquezas é uma boa maneira de minimizar a frustração - mas tenha cuidado para não levar à complacência.

COMO LIDAR COM O FRACASSO

O fracasso não é uma emoção, porém, às vezes, parece ser - o conhecimento de falhar parece envolver nossa mente em uma névoa desencorajadora. Muitas vezes, os ingredientes da névoa são frustração, baixa autoestima, arrependimento e desesperança. Um fracasso, na pior das hipóteses, parece simbolizar algo de vergonha sobre nós mesmos. Entretanto, tomando uma abordagem mais atenta e desprendida do fracasso, você pode aprender a vê-lo como uma parte inevitável da vida, destituído de carga emocional - não como um aspecto de si mesmo, mas como uma oportunidade para aprender e crescer.

Agarre-se à autoestima

Valorize seus talentos e todos os seus hábitos positivos de temperamento - trabalho duro, atenção aos detalhes, flexibilidade ou quaisquer qualidades que você acredita possuir - ajuda a lhe dar resistência contra o fracasso quando ele acontece. Se você sente que lhe faltam algumas qualidades essenciais, e esta falta levou ao fracasso, pelo menos você sabe em que aspectos de si mesmo você precisa trabalhar no futuro.

Encontre as verdadeiras lições

Aprender com o fracasso pode parecer óbvio, mas o que não é mencionado com frequência pelos gurus de autoajuda é a variedade de lugares onde podem ser encontradas lições úteis. Pode ser uma questão de aprender algo sobre você mesmo, sobre a estratégia que você seguiu, as ferramentas que você trouxe consigo, a maneira como você lidou com as pessoas, os apoiadores em que você confiou, as informações que você usou ou transmitiu, o tempo de seus esforços, o número de responsabilidades que você assumiu, o tipo de preparação que você fez... e assim por diante. Evite a armadilha demasiadamente simplista. As falhas têm lições ricas, muitas vezes, múltiplas, desde que as olhemos de frente e não sejamos avessos a análises sérias.

TRANSFORMADOR
Deixe-se de fora

A identificação com seus fracassos nunca é produtiva. Afaste-se e tente ser objetivo. Você pode querer tentar novamente, aplicando as lições que aprendeu, ou optar por uma abordagem totalmente diferente. Se você levar o fracasso pessoalmente, você pode tomar a primeira opção simplesmente para provar a si mesmo - enquanto a segunda abordagem será, muitas vezes, mais adequada.

Negue a vergonha

Vergonha - o desconforto de outros saberem que você falhou - geralmente decorre de uma preocupação excessiva com o status público. Lembre-se, aqueles que importam veem seu desenvolvimento como um todo em desdobramento e não pensam menos de você por nem sempre alcançar seus objetivos - assim é a vida!

COMO RESPONDER AO INFORTÚNIO

O mundo é governado pelo acaso: o infortúnio pode atacar a qualquer momento. Às vezes, podemos começar a pensar que podemos ter nascido sob uma estrela da sorte. Então, vem um choque do nada - uma perda, um acidente, uma notícia devastadora. Tudo o que podemos fazer para nos prepararmos para o infortúnio é construir nossa resiliência da melhor forma possível, desenvolvendo expectativas maduras e realistas. Mesmo assim, quando isso acontece, o impacto pode ser um tsunami emocional. As pessoas ao seu redor podem fazer o melhor para amenizar a dor, mas, em última análise, nossas chances de recuperação dependerão de como lidamos com a situação, tanto emocionalmente quanto em termos práticos.

Reconheça as fases do choque

Os psicólogos identificaram quatro etapas pelas quais passamos após um grande choque. A compreensão dessas etapas e o conhecimento do estágio em que você se encontra estimulará em você mesmo a crença de que será capaz de seguir em frente. As etapas são: 1) Aceitação - inicialmente você pode se encontrar em negação; 2) Queda emocional - é normal que as emoções ressurjam muito depois que o choque aconteceu; 3) Alojamento - os ajustes que você precisa fazer em sua vida; 4) Recuperação - o retorno do otimismo e da energia, permitindo que você inicie novos empreendimentos. O importante é dar tempo para cada etapa.

Cuide de si mesmo

A melhor maneira de construir resiliência é ser gentil consigo mesmo - comer, beber e dormir bem, fazer exercícios para se manter em forma, parar qualquer mau hábito antes que ele se enraíze. Além disso, identifique seus principais valores e faça o máximo para viver de acordo com eles. Os parâmetros são a consideração e a gentileza. Viver desta maneira lhe dá um recurso inestimável: o autorrespeito. Este será seu rochedo se e quando a desgraça acontecer. Continue com o autocuidado mesmo na adversidade: aqueles que mais sofrem são aqueles que se negligenciam.

Não seja apressado

Quando o infortúnio acontece, suas emoções o fazem reagir instantaneamente. Mas, isso não significa que você precisa agir assim. Em vez de tratar a crise como urgente, considere se seria melhor dedicar seu tempo para lidar com os assuntos.

Analise as perspectivas de mudança

Antes de iniciar uma resposta positiva, considere cuidadosamente quais aspectos da nova situação você pode influenciar. Não siga uma linha de ação irrealista, pois isso pode aprofundar sua infelicidade quando ela falhar.

TRANSFORMADOR

Use a distância

A má sorte exerce sua própria força de gravidade, como se o obrigasse a permanecer dentro de sua órbita. Nós nos debruçamos sobre nossos infortúnios, abraçando-os a nós mesmos como um tesouro negativo - em parte, porque isso é mais fácil do que olhar para eles objetivamente e tomar medidas positivas para lidar com eles. Tente ir embora, fazer algo sem ligação e, depois, revisitar a situação: muitas vezes, você verá as coisas de uma maneira diferente, possivelmente mais otimista.

Junte forças

Alguns infortúnios são coletivos, em cujo caso, todos os envolvidos têm uma rede de apoio automático - tente dar e se reconfortar em igual medida. Mesmo quando você for a única vítima, não tenha medo de pedir ajuda a amigos e familiares. Tenha em mente que diferentes indivíduos podem ter diferentes tipos de ajuda a oferecer - algumas emocionais, outras práticas. Peça o que você precisa, daqueles mais capazes de fornecê-lo.

TRANSFORMADOR

Quebre uma crise

Evite as catástrofes, ou seja, enrolar tudo o que deu errado em uma grande crise global. Mesmo dois aspectos individuais de uma crise podem ganhar poder sobre você se você os ligar desnecessariamente. É melhor desmembrar a situação em componentes separados e mais manejáveis, e lidar com estes de cada vez. Por exemplo, uma situação pode ser divisível em: conter danos; minimizar os efeitos a longo prazo; tranquilizar os outros.

COMO RESOLVER DILEMAS

A tomada de decisões é, em parte, racional, em parte, intuitiva. Muitas vezes, porém, emoções como o medo ou a ansiedade infectam nosso processamento mental, deformando nosso julgamento. A tomada de decisões é ainda mais complicada quando os argumentos em diferentes direções parecem ter o mesmo peso. Não fazer nada pode parecer atraente em tais momentos, mas a inação pode ser pior do que uma ação errada. Quando tomamos essa decisão difícil, frequentemente, somos assombrados depois pelo pensamento de que a vida seria melhor se tivéssemos tomado um caminho diferente. Abaixo estão algumas estratégias para navegar na paisagem das escolhas disponíveis.

Silencie o "ruído"

O 'ruído' externo, muitas vezes, afogará a voz da intuição. Ele pode tomar a forma de distrações, ou opiniões altamente vocais de outras pessoas, ou uma instância irrelevante de fracasso que você não pode descartar de sua mente. Encontre um lugar tranquilo e veja se consegue identificar estas pressões. Se assim for, empurre-as para um lado e deixe espaço para que a intuição funcione sem impedimentos.

Pese as pressões pessoais

Às vezes, você será atraído a um curso de ação porque se sente calorosamente disposto à pessoa que o recomenda ou o disponibiliza para você. Se assim for, considere se este fator realmente tem a importância que você intuitivamente atribui a ele. Em muitas situações, o elemento pessoal será importante - por exemplo, você poderá ser atraído por um curso de estudo por causa do carisma do professor. Em outros momentos, será incidental - por exemplo, quando o papel da pessoa é meramente introduzir algo, depois desvanecer-se no fundo.

TRANSFORMADOR
Esqueça o arrependimento

Uma vez que você tenha tomado uma decisão, pode ser proveitoso, às vezes, considerar se seria apropriado revertê-la - desde que você ainda possa. Lamentar uma decisão que não pode ser revertida é inútil: é melhor gastar sua energia fazendo o melhor trabalho possível com o que você tem. Ainda mais inútil é se preocupar se você tomou ou não a decisão correta. Nem mesmo é adequado dizer "o tempo dirá" - muitas vezes, não dirá!

Seja fiel a seus valores
Quando uma opção lhe trará benefícios se você estiver preparado para abandonar seus valores, a resposta ao seu dilema é simples - siga seus valores. A autenticidade é tudo. Pode haver uma parte demoníaca de você interessada em justificar uma ação egoísta com argumentos ilusórios. Não dê ouvidos a ela. Tenha em mente que ser hipócrita sempre prejudicará sua paz de espírito no final.

Faça um teste
Muitas decisões podem ser tomadas provisoriamente, mesmo que sejam apresentadas inicialmente como uma escolha imediata que você é obrigado a fazer. Use sua imaginação para pensar em maneiras viáveis de realizar um julgamento. Por exemplo, se estiver contemplando uma mudança de

emprego, você poderá usar parte de sua licença regular para acompanhar alguém em seu novo local de trabalho em potencial. Tais arranjos incomuns podem ser negociados com frequência: não seja dissuadido a sugerir o não convencional se isso ajudar a dissuadi-lo de cometer um erro.

Cuidado com o viés de "custos irrecuperáveis"

Esta é a tendência de continuar em um caminho depois de ter investido tempo, dinheiro ou esforço nessa direção. Um exemplo seria ir de férias com um parceiro que não é mais compatível com você. A melhor opção para ambas as partes pode ser que você sacrifique seu depósito e faça outros planos, separadamente: ir de férias e ser miserável juntos é, certamente, uma escolha pior. Esteja sempre preparado para absorver uma anulação em vez de ir em frente com um plano de ação inviável.

COMO GERENCIAR RISCOS

A vida sem risco seria uma vida sem romance, sem filhos, sem empreendimento, sem criatividade, sem emoção, sem surpresa, sem alegria. No entanto, o risco nos faz temer, a não ser que estejamos correndo riscos por natureza. Ao iniciarmos uma ação, procuramos nos proteger da possibilidade de que as coisas corram mal. Entretanto, como o futuro está repleto de incertezas, pode ser difícil saber que medidas adotar. Ter uma atitude madura em relação ao risco é uma habilidade básica de vida. Ela requer autoconsciência (compreender seus níveis de tolerância e resiliência), bem como a capacidade de aprender com a experiência como e por que os planos podem fugir dos trilhos.

Incerteza entre amigos

R. W. Emerson disse bem: "As pessoas desejam se estabelecer; somente na medida em que não estejam estabelecidas é que há esperança para elas". Em outras palavras, o crescimento e o autoaperfeiçoamento provêm do solo da incerteza. A segurança absoluta é sufocante, por mais atraente que possa parecer quando os tempos são difíceis.

Gaste tempo e energia

Ao procurar transformar sua vida para melhor, o investimento de tempo e energia na exploração de novos caminhos é relativamente baixo, embora possa não parecer assim. Mesmo que você possa não encontrar um caminho que escolha seguir, você aprenderá algo no processo de busca. Somente quando há dinheiro envolvido, há um sério custo de oportunidade para a exploração - já que tendo gastado dinheiro em um modo de vida alternativo, se isso se mostrar errado você pode não ter condições de escolher outro em seu lugar.

TRANSFORMADOR

Comprometer-se em fases

Projete seu próprio caminho com as opções de exclusão que julgar necessárias. Isto requer flexibilidade de raciocínio. Você pode obter um desconto (possivelmente, mas não necessariamente financeiro) se você se inscrever para o pacote completo. Mas, muitas vezes, é melhor sacrificar esta vantagem para poder mudar de ideia com menos inconveniência ou trauma. O exemplo óbvio é encontrado nos relacionamentos: casais tendem a viver juntos por um tempo antes de comprar uma casa juntos. Mesmo quando lhe é apresentada uma escolha binária (ficar ou sair, ganhar ou perder tudo), muitas vezes, você será capaz de negociar um arranjo mais matizado.

Confiança com cautela

Muitos dos riscos da vida giram em torno de outras pessoas - você pode confiar nelas? Não empreste a ninguém se sua intuição diz que você não o conhece suficientemente bem. Cuidado para não deixar que os sentimentos o influenciem. Mais importante ainda, reconheça a chantagem emocional quando você a encontrar, e seja forte o suficiente para não se submeter a esta tática.

Capítulo 3

Questões de Saúde e Envelhecimento

Temos a tendência de tomar nossa saúde como certa ... isto é, até adoecer ou ter um acidente. Então, podemos ter que nos adaptar à dor, à incerteza temerosa e, talvez, à frustração de uma estadia hospitalar. O capítulo seguinte examina algumas das melhores maneiras de lidar com a doença e o sistema médico, como se fosse oferecer orientação sobre ser um cuidador não remunerado, e sobre o envelhecimento com a melhor chance possível de saúde e bem-estar.

COMO LIDAR COM UM DIAGNÓSTICO SÉRIO

A maioria de nós enfrentará um diagnóstico médico sério em algum momento. Pode até mesmo ser uma doença crônica, da qual você só se recuperará se tiver sido pego a tempo, caso em que você precisará aprender a viver com um regime de tratamento disruptivo. As visitas hospitalares, talvez com internação, podem ser tecidas em sua rotina. A incerteza da recuperação, e de quanto tempo você pode viver uma vida independente, ou qualquer vida, acrescenta seus próprios desafios. Não há como se preparar para o choque inicial do diagnóstico, mas há várias estratégias que você pode adotar para lidar com isso, e com qualquer mudança de vida que se siga.

Apele ao amor

Os membros amorosos da família são uma fonte inestimável de força e conforto. Pode haver problemas que tenham causado algum grau de distanciamento, mas tais problemas tendem a se derreter em uma crise de saúde. Muitas vezes, aqueles que amam você não saberão como ajudar. Se eles perguntarem, diga-lhes sem constrangimento. Se eles se retraem, diga-lhes o que você precisa e peça-lhes conselhos: muitas vezes, eles mesmos se apresentarão. A maioria dos amigos e familiares ficarão aliviados se puderem facilitar o seu diagnóstico.

Junte-se ao clube

Algumas condições médicas lhe facilitam o acesso a grupos de companheiros que sofrem - a infraestrutura já está instalada e amplamente divulgada. Mesmo que você não seja um entusiasta por natureza, verifique estes clubes imediatamente.

A troca de experiências pode mitigar a solidão de doenças. Também, no nível prático, pode ajudar a aprender quais planos de vida (especialmente dieta e exercícios) beneficiaram outros. Você também pode usar os companheiros como uma caixa de ressonância para ajudar a avaliar a qualidade de seus cuidados médicos. Os grupos e os grupos de mensagens on-line podem ser uma boa solução para aqueles confinados em casa ou no hospital.

TRANSFORMADOR
Explore o aconselhamento

Psicoterapia pode ser útil, mesmo que você se sinta mentalmente ajustado. Muitos terapeutas são habilidosos em ajudar as pessoas a aceitar um diagnóstico que muda a sua vida. Eles também podem lhe dar uma orientação sábia para superar as barreiras psicológicas para expressar suas necessidades aos provedores de saúde e àqueles próximos a você.

Leia, não navegue

Se você precisar colocar sua condição em contexto, leia livros em vez de navegar na internet, pois a rede não é editorialmente policiada, e muitos sites são profundamente enganosos. Procure livros que não sejam muito técnicos: a medicina é um assunto de graduação, portanto, não adianta tentar entender tudo o que há para se saber.

Mantenha seus passatempos

Um foco de interesse que tira sua mente de seu diagnóstico é sempre um corretivo benéfico. Tente manter seus passatempos regulares. Se agora você pode participar por mais tempo, permaneça envolvido - acompanhe os eventos.

Faça as pazes com a incerteza

A incerteza pode ser tão difícil de lidar quanto o próprio diagnóstico. Tipicamente, você terá muitos interlúdios entre os testes. Tente concentrar-se no fato de que você está em boas mãos, que a certeza é uma ilusão filosófica em muitas situações da vida e que você está se movendo na direção certa. Tente alimentar em si mesmo a gratidão pela assistência médica e pela ciência. Permaneça o mais ativo possível, pelo menos mentalmente, e descubra os prazeres das pequenas coisas - um abraço, um presente, uma passagem de poesia, um resplendor do tempo. Tente a meditação - muitos acham que esta é a melhor maneira de lidar com o desconhecido.

COMO LIDAR COM DOENÇAS CRÔNICAS

As condições crônicas comuns - estritamente falando, doenças que duram mais de três meses - incluem artrite, asma, câncer e diabetes. Todas as doenças de longo prazo representam grandes desafios, para os quais muitos indivíduos inspiradores têm se levantado com coragem, desenvoltura e vitalidade - até mesmo humor. A vida continua, embora seja necessário fazer ajustes. Você, às vezes, ficará desanimado com o que está acontecendo com seu corpo, além do âmbito de seu controle, e pela incerteza. Ajuda se o amor é uma grande parte de sua vida, mas isto não precisa envolver ter um parceiro regular - em anos posteriores, as amizades podem ser profundamente terapêuticas e tranquilizadoras em tempos difíceis.

Foque no autocuidado

Assumir o controle na gestão de sua situação ajudará a remover a sensação desmoralizante de ser um indivíduo passivo nas mãos dos médicos. Questione seu médico sem sentir que você o está sobrecarregando. Mantenha um diário de seu progresso. Considere tratamentos complementares, tais como massagem ou remédios fitoterápicos para dor ou alívio do estresse. Tente manter o bem-estar físico o máximo possível - coma e beba saudavelmente, pratique exercício se puder (talvez tenha que mudar para um regime adaptado) e tente dormir adequadamente.

Encontre os especialistas certos

Tenha em mente que os médicos não são necessariamente qualificados para aconselhá-lo sobre como viver com sua condição. Uma enfermeira pode ser capaz de lhe dar mais orientação de apoio - por exemplo, ajudá-lo a parar de fumar ou beber, ou iniciar um programa de exercícios adequado. Para obter o melhor conselho nutricional possível, consulte um nutricionista.

Mostre respeito amigável

Não imagine que você pode ou deve se tornar uma prioridade especial para seus cuidadores ou profissionais de saúde. Entretanto, se você os tratar com educação, gratidão e bom humor, é provável que eles retribuam.

Faça anotações dos pensamentos matinais

Transforme seu relacionamento consigo mesmo em um diálogo: esta é uma boa maneira de tirar mais proveito de sua própria companhia. Use um caderno para anotar seus pensamentos matinais e acrescente a ele sempre que sentir vontade. Dê uma data a cada entrada. Olhando para trás, o que você escreveu pode fazer com que você tome consciência de um progresso imperceptível, lembrá-lo de resoluções que você tomou, ou alertá-lo para mudanças que você precisa contar às pessoas. Use o mesmo caderno para gravar qualquer batida sonora tranquilizadora que você ouvir.

Afaste a depressão

Um terço ou mais das pessoas com doenças crônicas recebem uma dose séria de depressão. A depressão pode dissuadi-lo do autocuidado, de manter consultas médicas ou até mesmo tomar medicamentos importantes. Consulte seu médico se você sentir que pode estar entrando em uma fase de depressão: há inúmeras maneiras de lidar com o problema, desde a medicação até a terapia cognitiva baseada na atenção.

TRANSFORMADOR

Seja criativo

A arte ou terapia musical são técnicas estabelecidas para lidar com o impacto psicológico de doenças ou danos físicos. Entretanto, se desejar, você pode seguir seus princípios sem ter que se inscrever em sessões de grupo. Qualquer atividade criativa pode proporcionar um espaço seguro para explorar seus sentimentos, mas você não precisa sentir que a autoexploração é essencial. Ao invés disso, você pode preferir explorar o meio - seja papel, tinta, palavras, sons ou fragmentos da natureza. Tente fazer imagens abstratas - usando quaisquer materiais para os quais você seja atraído. A autoexpressão constrói a autoestima, o que ajuda a limitar o estresse das doenças.

Gaste sem culpas

Reserve o dinheiro que você puder como fundo de bem-estar - e use-o para qualquer propósito específico que você acha que lhe serviria melhor. Exemplos podem ser: criar uma consulta especializada; ter aulas em um curso de estudo; comprar materiais de arte; participar de uma academia ou aula de meditação; redecorar a casa para aumentar o prazer que você tem em seu ambiente. Sinta-se à vontade para aproveitar suas economias - que melhor uso poderia haver para seu fundo de segurança? Nada é mais importante do que o bem-estar.

COMO SE ADMINISTRAR NO HOSPITAL

Um hospital (a menos que você mesmo trabalhe em um) é um ambiente estranho. Como paciente, você pode sentir que foi feito refém em uma nave espacial estrangeira. Protocolos insondáveis são seguidos. Você pode ser movido sem motivo óbvio, ou receber tratamentos misteriosos. Você precisa se ajustar a novas refeições e a uma nova dieta - que pode não parecer saudável. Assistir a seus programas de TV favoritos está longe de ser simples. Novos rostos desfilam na sua frente. Pode ser difícil obter qualquer ideia da data provável de sua liberação - às vezes, em um hospital, as pessoas se sentem como em uma prisão. Estratégias de enfrentamento podem tornar a experiência mais tolerável.

Aceitar a brusquidão

Lembre-se de que os profissionais de saúde estão lá para ajudá-lo - a brusquidão aparente é uma consequência de cargas pesadas de trabalho. Seja grato por pequenos atos de ponderação - eles podem ser duramente conquistados.

Direcione suas preocupações

Muitos trabalhadores hospitalares estão simplesmente executando instruções. Se você tiver problemas com o que está sendo feito, pergunte quem decidiu sobre a ação e qual é seu propósito. Peça para falar com essa pessoa se você não estiver convencido.

Esteja preparado para esperar

A impaciência no hospital é sempre autodestrutiva: a escala e a complexidade da instituição podem retardar as coisas. Mesmo ir para casa pode ser demorado se você precisar de uma autorização e medicamentos. Aceite longos períodos de espera, assim como você aceita todas as imprecisões mais óbvias.

Assuma o controle

Pode haver momentos em que você sabe que algo deu errado - por exemplo, uma enfermeira administrando medicamentos que você foi informado que seriam descontinuados. Você tem o direito de dizer não, e deve fazê-lo sempre que parecer absolutamente necessário - mas seja cuidadoso em suas recusas, ou você será percebido como um paciente problemático.

TRANSFORMADOR

Programação de visitas

Se você puder, encarregue-se dos visitantes para evitar aglomerações - por exemplo, passar horas sozinho e depois ter seis visitantes ao mesmo tempo. Certifique-se de que eles se coordenem uns com os outros, mesmo que você não possa assumir a liderança. O uso das mensagens pode tornar mais adequado o horário das visitas.

Planeje as necessidades com antecedência

Se você precisar de ajuda com qualquer coisa (como banheiros), você não pode esperar atenção imediata. Aprenda as rotinas da ala e tente agendar ajuda quando ela for mais facilmente fornecida - por exemplo, antes ou depois de uma troca de turno, não durante.

Permita a recuperação pós-hospitalar

Muitas vezes, você estará menos em forma quando sair do hospital - não menos por causa da falta de exercício. Permita pelo menos três dias de recuperação para cada dia passado na cama. Retome suas rotinas gradualmente. Não se force em demasia.

COMO LIDAR COM A DOR

A dor não é apenas a excitação de terminações nervosas para criar uma sensação física desagradável. Há dois componentes adicionais. Um é a reação emocional que a sensação causa - a ansiedade, acompanhada de perguntas como: "Quando essa dor desaparecerá? O que a está causando? Por quanto tempo posso suportá-la? É melhor ou pior?" O outro é o pensamento negativo: "Não gosto da minha dor e não consigo me elevar acima dela, o que faz de mim uma pessoa fraca". A medicação pode funcionar, embora precise ser escolhida e administrada com cuidado. Há também técnicas para enfrentar os aspectos mentais da dor, e suavizar seu impacto sobre seu bem-estar.

Faça exercícios suaves

Caminhar, nadar, jardinar e similares podem reduzir a dor, já que o exercício libera endorfinas que ajudam a bloquear os sinais de dor no cérebro. Simultaneamente, você estica músculos, ligamentos e articulações apertados, e isto também é benéfico.

TRANSFORMADOR

Evite a resistência

Resistir mentalmente à dor é fútil. Ao invés disso, aceite a dor e encontre espaço para ela dentro de sua experiência pelo tempo que ela durar. Mantenha-a em seu lugar e resolva que você canalizará suas energias construtivamente, e não negativamente para um buraco negro.

Corte a dor em blocos

Sente-se em um lugar tranquilo e tente relaxar seus músculos. Por alguns minutos, concentre-se em sua respiração enquanto ela entra e sai. Depois, mude sua atenção para onde está a dor e veja se consegue dividi-la em sensações separadas: talvez haja tanto palpitações quanto queimaduras, ou apenas uma ou outra; talvez você sinta ondas de intensidade. Atender ao verdadeiro caráter da dor pode diminui-la: em vez de demonizá-la, você está avaliando sua verdadeira intensidade.

Perceba outras sensações

Depois de fazer o exercício acima, atente-se a outras sensações em seu corpo, como mover a cabeça para cima e para baixo, e de um lado para o outro, mexer os dedos das mãos e dos pés, e assim por diante. Em seguida, vá além de seu corpo para concentrar-se cuidadosamente nas sensações que seu ambiente oferece: o calor do sol em sua pele, os ruídos ao seu redor. Deixe sua dor tomar seu verdadeiro lugar no contexto de outras sensações mais positivas.

Crie um refúgio interior

Conjugue um lugar onde você se sinta relaxado - uma praia, uma clareira na floresta, um mirante no topo do penhasco. Pode ser real ou imaginário. Construa uma imagem detalhada das vistas, dos sons e de outras sensações. Este é o seu refúgio da dor. Vá lá para se refrescar e relaxar seu corpo e sua mente. Visitas regulares podem tornar a dor menos preocupante.

TRANSFORMADOR

Encolha a esfera da dor

Esta é outra visualização que vale a pena tentar. Pense em sua dor como uma esfera dentro do seu corpo. Respire devagar e profundamente. A cada expiração, imagine a esfera deixando seu corpo por completo. A cada inspiração, imagine-a voltando, mas menor a cada vez. Mantenha este procedimento até que a esfera seja uma fração do seu tamanho original.

Ria com os outros

Alguns especialistas em dor defendem a terapia de humor. Estudos têm mostrado uma ligação entre compartilhar risos e aumentar os limiares de dor. Note que você tem 30 vezes mais probabilidade de rir com os outros do que sozinho - portanto, reúna alguma companhia divertida, talvez, assistam juntos a um show de comédia, ou simplesmente se sentem e riam dos velhos tempos (sem álcool, já que isso pode piorar a dor).

Faça a respiração 8-8-8

Conte até 8 enquanto inspira, depois novamente enquanto expira; faça esta sequência 8 vezes. Este e outros exercícios de respiração podem aliviar a dor - as mulheres frequentemente se concentram em sua respiração para lidar com o parto. Mais oxigênio flui para os tecidos, reduzindo a tensão; e a neurotransmissão é diminuída, minimizando os sinais de dor.

Tente remédios caseiros

Dor de dente – Morda uma bola de algodão embebida em óleo de cravo-da-índia, disponível nas farmácias. O alho também é útil, pois a alicina que ele contém serve como antibiótico natural. Misture o alho esmagado em uma pasta com sal e aplique na área infectada, que pode, então, ser impedida de se espalhar.

Dor de cabeça - Coloque algumas gotas de óleo essencial de alecrim ou tomilho em cada têmpora e em sua testa. Esfregue suavemente na pele e sente-se em silêncio por um tempo. Isto pode aliviar a sensação.

TRANSFORMADOR

Gerencie as dores nas costas

Descansar por longos períodos, muitas vezes, vai piorar a dor nas costas, portanto, mantenha-se ativo. Verifique os alongamentos e exercícios adequados on-line. Aplique bolsas de compressão quentes ou frias para alívio a curto prazo. Faça o possível para garantir uma boa noite de sono.

Escolha analgésicos com cuidado

Se você tem uma condição médica ou já está sob medicação, verifique com um médico se eles são adequados antes de tomar qualquer analgésico. O Paracetamol combate a maioria dos tipos de dor leve, mas não exceda a dose recomendada - doses altas podem danificar o fígado. Os anti-inflamatórios como o ibuprofeno são bons para tratar dores na pele, músculos ou ossos: tome após uma refeição ou lanche, ou podem irritar o revestimento do estômago.

COMO LIDAR COM AS INSÔNIAS

Uma boa noite de sono é uma lembrança distante para muitos. Insônia pode surgir de várias causas - apneia do sono, ronco, má postura para dormir, pesadelos, síndrome das pernas inquietas, dor de condições como dor nas costas ou artrite, ou um estilo de vida insalubre, incluindo horários de dormir irregulares e muita estimulação logo antes de repousar. O ciclo de ansiedade é comum: a preocupação leva a um sono deficiente, o que faz com que você se preocupe ainda mais. A menos que você escape da insônia, sua vida provavelmente será afetada por baixos níveis de energia, episódios de depressão e, possivelmente, até por uma capacidade cognitiva reduzida. Além disso, o sono desempenha um papel na manutenção da saúde cardiovascular.

Personalize seu quarto

O ambiente físico do sono é importante. Assegure-se de que seu quarto possa ficar escuro o suficiente - considere persianas, cortinas ou cortinas blackout, ou use uma máscara de olhos. A temperatura ideal é importante, mantenha por volta de 25°C. Mantenha o quarto arrumado - a bagunça pode exercer um efeito psicológico subliminar. Evite um esquema de cores vívidas. Faça do local uma zona livre de tecnologia - sem TV, sem computador. Não use seu quarto para estudo se você puder evitá-lo (a cozinha é melhor). Nunca discuta no quarto de dormir.

Seja prudente com a cama

Um colchão com uma densidade adequada facilita a adoção de uma boa posição. Ele deve ceder aos seus contornos, sendo firme o suficiente para dar apoio adequado à sua coluna vertebral. Se você acordar com desconforto muscular, poderá precisar de um novo - faça um teste na loja (com seu parceiro), deitado por pelo menos 15 minutos, antes de decidir.

TRANSFORMADOR

Tenha hábitos

Vá para a cama aproximadamente à mesma hora todas as noites. Não faça uso de TV e telefone momentos antes de repousar - ou, idealmente, por mais tempo. Siga o mesmo padrão todas as noites para lavagem, limpeza de dentes e afins. Não durma durante o dia por mais de 20 minutos. Se você ler na cama, certifique-se de que o livro não seja perturbador (crime violento), nem intelectualmente provocador (política).

Abrace a positividade

À medida que você se acalma, sua mente pode voltar às ansiedades do dia. Neste período de inatividade mental, concentre-se em memórias ou planos positivos. Lembre-se de algo agradável que alguém disse; ou algo que você alcançou; ou momentos de amor ou amizade. Sempre abrace e dê um beijo de boa noite em seu parceiro.

Exponha-se

Coloque muita luz solar na sua pele durante o dia. Se você estiver preocupado com os raios nocivos, faça isso antes das 10h ou depois das 15h, e aplique protetor solar.

Opte por uma dieta pró-sono

Opte por alimentos proteicos que contenham triptofano - um aminoácido que impulsiona a serotonina hormonal indutora do sono. Bons exemplos são: frango, peru, leite, outros produtos lácteos, nozes e sementes. Jantar mais cedo - não muito depois das 18h - é uma boa estratégia. Se você precisar de um modesto jantar tardio, sugere-se leite morno com um bolo de aveia. Tome sua última bebida cafeinada o mais tardar às 14h.

Diga não a sedativos

Os comprimidos para dormir podem oferecer uma solução a curto prazo, mas a longo prazo são inúteis, e podem incentivar a dependência. O álcool é um ladrão do sono, mesmo que possa colocá-lo em um estupor.

Tente remédios naturais

Um remédio natural para o sono é a valeriana, um tratamento herbal a ser tomado como um suplemento antes de dormir. Alguns optam por suplementos de melatonina - um hormônio que regulariza o ciclo sono/vigília. Existem também remédios naturais para superar a fadiga induzida pela insônia, tais como ginseng siberiano, cordyceps e suplementos de magnésio.

TRANSFORMADOR

Melhore sua respiração

Se você ronca ou tem apneia do sono (obstrução das vias aéreas), pode estar prejudicando sua saúde e se colocando em risco. Há soluções possíveis de estilo de vida e vários aparelhos nasais, mas ponto de partida é ver se a perda de peso ajuda. Caso contrário, ou se você souber que a causa é um desvio de septo, consulte um médico.

COMO SE DEFENDER DA DEMÊNCIA

Pesquisas demonstraram que mudanças simples no estilo de vida podem deter o início da demência, da qual a forma mais conhecida é o Alzheimer. O exercício regular pode reduzir à metade o risco e retardar o progresso da doença para qualquer pessoa que já apresente sintomas. O treinamento de peso e resistência é benéfico, assim como o trabalho aeróbico. Faça tudo o que puder para garantir que você durma bem.

Proteja a cabeça

Use sempre um capacete quando andar de bicicleta, e certifique-se de que o terreno onde você faz exercício não contenha buracos onde possa tropeçar. Uma lesão na cabeça pode aumentar o risco de disfunção cognitiva. Ao andar de bicicleta ou a pé, evite distrações - não fale no celular ou ouça música.

Coma alimentos com ômega-3

O ácido graxo particular nas gorduras ômega-3, encontrado no salmão, truta, cavala, sardinha e algas marinhas, protege contra a demência limitando as placas beta-amiloides.

TRANSFORMANTE

Vá de frescor

Frutas e vegetais frescos (especialmente crus) contêm antioxidantes e vitaminas protetoras do cérebro. Coma muitas verduras e bagas de folhas verdes em particular.

Aprenda algo novo

Manter seu cérebro ativo tem sido dito como fundamental - um exemplo clássico seria aprender uma nova língua. Além disso, é bom fortalecer suas redes cerebrais através da memorização de fatos. Aumente seus conhecimentos gerais aprendendo coisas como os países do mundo e onde eles estão em relação uns aos outros. Use técnicas de memória associativa. Teste a si mesmo e revise continuamente.

COMO LIDAR COM OS VÍCIOS

Um vício é uma falta de controle. Os afetados não podem se impedir de tomar, usar ou fazer algo, com consequentes danos a si mesmos - e a seus relacionamentos e vida profissional. Os entes queridos sofrem imensamente. Jogo, drogas, álcool, nicotina e sexo são exemplos clássicos, mas nos tempos modernos, o trabalho, o uso da Internet e as compras também podem atingir níveis perigosos. Um vício é, muitas vezes, uma forma de escapar de questões difíceis, como o desemprego ou uma família disfuncional. Às vezes, pode ser interrompido antes que seja necessária ajuda profissional ou caritativa. As principais exigências são total honestidade e compromisso com mudanças positivas na vida.

TRANSFORMADOR

Construa bons hábitos

Resolver apenas resistir aos anseios raramente é eficaz. Em vez disso, foque na criação de novas e melhores experiências que se provam ser preferíveis à dependência. A autoanálise atenta é um bom ponto de partida. Você deve compreender plenamente a autoanálise. Em seguida, desenhar novas rotinas. Fazer da mudança uma aventura. Envolva-se no que o fascina. Cultive uma paixão que substitua o vício. Continue lembrando do mantra Alcoólicos Anônimos: "Se nada mudar, nada muda".

Evite situações de risco

Tente não ficar com muita fome, irritado, solitário ou cansado, ou é mais provável que você tenha uma recaída. Incentive a sensação de escolher o que você mais gosta em sua vida e redesenhar suas rotinas em torno dela, evitando o que você menos gosta. Evite pessoas e lugares que costumavam servir de alerta para comportamentos prejudiciais.

Priorize o relaxamento

O estresse faz você optar pelo dano familiar em vez do bem desconhecido. Apenas dar uma caminhada pode ser relaxante, mas para efeitos a longo prazo, tente a Redução do Estresse Baseada na Consciência: leia o trabalho de Jon Kabat-Zinn e ponha em prática seus métodos. Use exercícios respiratórios de fixação rápida quando o estresse sair do nada.

Seja honesto

A dissimulação é um aspecto do vício e, eventualmente, você começa a mentir até mesmo para si mesmo. Isto diminui sua autoestima e o torna mais fraco. Ser totalmente honesto consigo mesmo e com os outros significa que seu vício não tem nada a esconder. Faça declarações factuais para si mesmo sobre como você se sente e o que você fez. Mantenha um diário sobre o vício e leia-o com frequência, sem vergonha. Enfrentar o lado negro facilita o movimento em direção à luz.

Dê um passo crucial

O vício médico é tratável. Chegue a uma instituição de caridade especializada. O primeiro passo é mais difícil, mas depois disso há uma boa chance de recuperação. Estatisticamente, as pessoas que conseguem ficar "limpas" por cinco anos não tendem a recair.

COMO LIDAR COM AS FOBIAS

Uma fobia é uma aversão irracional que afeta seu comportamento - quer tornando uma experiência desagradável, quer levando-o a evitá-la por completo. Talvez, as fobias mais comuns sejam voar, falar em público, aranhas, alturas e espaços fechados. Os sintomas variam de acordo com a gravidade: podem incluir suor, náuseas, palpitações cardíacas, tremores ou falta de ar. Duas condições complexas que podem impactar severamente na vida diária são a fobia social (tornando as festas e reuniões problemáticas) e a agorafobia. Esta última não é simplesmente o medo de espaços abertos, mas uma aversão a estar fora de sua zona de conforto - mesmo indo às compras, usando o transporte público ou pisando fora de sua própria casa.

Tente a terapia de exposição

Isto também é chamado de dessensibilização. Envolve se expor em pequenas doses a seu medo - por exemplo, se você for agorafóbico, saia de casa para caminhadas curtas inicialmente, até adquirir tolerância; depois você passa para o próximo nível, de ficar fora por mais tempo. As pessoas com medo de aranhas ou cobras podem começar aprendendo a aceitar uma imagem do animal, depois, visitar o zoológico e se aproximar cada vez mais de espécimes vivos. Sentir-se no controle de uma situação como esta reduz a ansiedade normalmente provocada.

TRANSFORMADOR
Diga olá ao pânico

Antes de dizer adeus ao pânico, você precisa cumprimentá-lo - ou seja, identificar os sintomas que você está experimentando e colocá-los em uma perspectiva verdadeira. O que está acontecendo com seu corpo não precisa se tornar um medo em si mesmo: afinal de contas, é familiar e não é fatal. É apenas o seu corpo tentando erroneamente protegê-lo de danos imaginados.

Use as afirmações
Pode ser útil repetir mantras reconfortantes para você mesmo. Exemplos podem ser: "Voar é mais seguro do que dirigir", "Uma sala é tão grande quanto precisa ser" ou "Todos têm falhas, assim como eu". Não afirme que você é destemido, pois isso logo será comprovado como errado.

Voe com calma
O medo de voar não se presta à terapia de exposição.
Se técnicas de relaxamento não forem suficientes, você pode considerar perguntar a seu médico sobre alprazolam, disponível sob o nome comercial Xanax. Este é um tranquilizante potente e de ação rápida. Ele também é usado para transtorno de ansiedade social e transtorno de ansiedade generalizada. (Não é recomendado na Austrália, mas é aprovado nos EUA). Alguns aeroportos oferecem treinamento de voo para quem tem medo de voar. A compreensão da física básica pode ajudar a fazer com que o voo pareça menos antinatural.

COMO SER UM CUIDADOR

Proporcionar cuidados saudáveis dentro da família, com ajuda profissional limitada e pouco ou nenhum treinamento, é uma realidade diária para muitos. A responsabilidade é enorme, a tensão, às vezes, nos leva aos limites da tolerância. O cuidador, não menos do que a pessoa cuidada, precisa se ajustar a um novo modo de vida. Entretanto, o papel também pode ser gratificante, dando novo calor e proximidade ao seu relacionamento. O segredo do sucesso é estar atento a ambos os conjuntos de necessidades: as suas próprias e as de seus dependentes. Aprender a aproveitar o momento com seu ente querido enriquece seu tempo juntos e compensa as tensões inevitáveis.

Evite estereótipos ativos/passivos

Mesmo que seu dependente esteja imóvel, você precisa dizer-lhe o que fazem juntos. Deixe que ele seja ativo através de você. Se você estiver empurrando-o em uma cadeira de rodas, deixe-o decidir sobre o caminho, quando fazer uma pausa e assim por diante.

Elimine tensões antigas

Declare uma anistia sobre quaisquer questões não resolvidas. Acabe com os desacordos antes que eles se enraízem. Uma boa maneira de estarmos calmos um com o outro é nos concentrarmos no momento presente. Se você revisitar o passado, olhe apenas para os bons momentos, não para os maus. Seja tolerante, indulgente e apologético - mesmo que as desculpas não sejam estritamente pedidas. No entanto, sinta-se livre para participar de debates animados sobre assuntos impessoais, como política ou ética.

Socialize

Convide amigos em várias situações. Certifique-se de que eles incluam pessoas confiáveis que possam lhe dar um pouco de descanso por um tempo. Use qualquer desculpa que você possa pensar para comemorações.

Passeie

Mantenha seus próprios interesses o máximo possível. Aproveite ao máximo seu próprio tempo quando seu dependente estiver dormindo, assistindo TV, lendo ou vendo seus próprios amigos. Recrute ajuda pelo menos uma vez por semana para lhe dar uma noite de folga. Verifique que lares de idosos locais levariam seu ente querido por um tempo se você precisasse de um descanso sério, e certifique-se de reservar tais férias com bastante antecedência.

Use um toque eloquente

Use abraços e toques tranquilizadores para comunicar seu amor e compaixão todos os dias. Certifique-se de que isto se torne uma segunda natureza, e faça-o mesmo quando estiver farto.

TRANSFORMADOR

Seja vital

Traga sua própria vitalidade para a situação. Se você for suficientemente enérgico e positivo, a sensação de viver na sombra da doença pode ser moderada ou mesmo banida. Seja grato pelos momentos de silêncio também, mas esteja atento: o silêncio no paciente, às vezes, pode esconder problemas particulares de saúde.

COMO ENVELHECER FELIZ

As pessoas tendem a ser mais felizes na faixa dos 50 e 60 anos do que na faixa dos 30 e 40. O ponto baixo, globalmente, diz-se que é o de 46. A década de 70, para alguns, é a "década de ouro". É libertador não ter que se esforçar em uma carreira ou equilibrar trabalho e cuidado infantil. No entanto, as questões de saúde podem vir à tona, a mobilidade está mais em risco, a família e os amigos estão perdidos, e você pode se sentir marginalizado pela vida. Também pode haver uma sensação de falta de propósito imediatamente após a aposentadoria. É importante assegurar que, enquanto você viver, você permaneça o mais ativo possível e tenha bastante estimulação.

Permaneça saudável

Faça controles de saúde regulares e siga um regime saudável de dieta e exercício. Comece agora se você ainda não estiver fazendo isso. Um estudo americano mostrou que um homem de 70 anos tem 54% de chance de chegar aos 90 se ele tiver peso e pressão arterial saudáveis, for não-fumante, não tiver diabetes e se exercitar regularmente. Não fazer exercícios corta as chances para 44%. Então, com a pressão arterial alta, os números caem para 36%, e com o fumo, para 22%. Os números falam por si mesmos.

Exercício - Qualquer pessoa com mais de 65 anos deve ter o objetivo de fazer duas horas e meia de atividade aeróbica moderada a cada semana. Se você tem estado inativo até agora, aumente gradualmente até este nível. Se você puder, crie o hábito de usar escadas em vez de elevadores. Ande a pé em vez de dirigir até as lojas se elas estiverem perto o suficiente. Ter um cão é uma boa motivação para caminhar: considere isso.

Dieta - Uma dieta equilibrada, evitando alimentos processados, é importante para o coração e outras funções corporais. Ela nos dá energia também, não menos importante para fazer exercícios. A maioria das pessoas come mais do que precisa. Procure o peso ideal para seu sexo e altura e, se necessário, procure comer em porções menores, cortando gorduras e açúcares, evitando lanches e se exercitando.

TRANSFORMADOR

Encontre um propósito

A melhor maneira de planejar a aposentadoria é seguir uma série de atividades que nada têm a ver com seu trabalho. Isso significa que a falta do trabalho, quando ela aparecer, será proporcionalmente menor. Seja comprometido com seu trabalho, mas garanta que seu senso de propósito também seja canalizado em outras direções. Se você se encontrar sem propósito na vida posterior, encontre maneiras de aplicar seus talentos e contribuir para sua comunidade. Comece seus projetos pessoais. Considere a possibilidade de orientar alguém mais jovem. Continue aprendendo - pegando um instrumento musical ou dominando uma nova língua, por exemplo. Viaje quando puder. Explore seu lado criativo.

Refresque seu relacionamento

Uma relação estabelecida há muito tempo pode se tornar obsoleta quando os parceiros começam a tomar um ao outro como garantido e deixam de expressar seu amor abertamente. Após a aposentadoria (ou se por qualquer outro motivo um casal começar a passar mais tempo juntos) as tensões podem se desenvolver ao longo das rotinas, do espaço pessoal e do efeito de desgaste dos hábitos arraigados. Faça um esforço consciente para nutrir seu relacionamento na vida futura. Abrace e use com habitual frequência os carinhos. Planeje excitações compartilhadas. Seja aberto e honesto na comunicação. Compartilhe os problemas de forma compassiva. Trate o envelhecimento como uma aventura conjunta, dando apoio incondicional um ao outro em tempos de desafio.

TRANSFORMADOR

Seja um bom avô/avó

Um dos muitos aspectos positivos da aposentadoria é a oportunidade de se concentrar mais na família. Ser avô/avó dá um enorme prazer e pode ser rejuvenescedor. Pode fazer com que as lembranças felizes de ser um novo pai voltem de forma viva. Dê ajuda prática com frequência. Certifique-se de dar tempo para a ligação com o pequenino - isso pode não acontecer de uma só vez. Evite impor suas próprias opiniões sobre os princípios da parentalidade, e siga os desejos de seu filho ou filha. Não se ofenda se, às vezes, você for mantido à distância.

Aumente suas habilidades técnicas

Gostando ou não, a informatização está aqui para ficar. Mantenha-se atualizado com as últimas práticas e instalações. Você pode não querer participar das mídias sociais e pode pensar que todos estão passando muito tempo on-line. Entretanto, conforme você envelhece, trate o computador como um amigo, não como um inimigo. Ele pode fazer coisas como transações bancárias e compras, pagar contas, solicitar uma subvenção ou um abatimento ou até mesmo fazer ou atualizar um testamento muito mais fácil. Se você não for intimidado por dispositivos digitais, é menos provável que fique estressado quando tiver que usá-los. Aplicativos relacionados à saúde - como software de monitoramento do sono - tornam-se particularmente úteis no futuro. Recrute um amigo que domina o computador para lhe dar sessões de treinamento e/ou estar à disposição para resolver problemas.

Mantenha-se conectado

A conexão com outros, proporcionando estímulo e mantendo a solidão à distância, é vital após a aposentadoria. Se você sente que seu círculo social é muito pequeno ou não oferece oportunidades suficientes para contato, considere participar de uma aula de exercícios, curso de educação para adultos, grupo de voluntários cívicos, clube de hobby, grupo de ex-alunos ou algum outro tipo de reunião. Monte seu próprio grupo se tiver interesse em compartilhar e não puder encontrar uma oportunidade para fazê-lo.

Capítulo 4
Problemas de Relacionamento

Os relacionamentos podem oferecer o melhor dos tempos e o pior também. O amor é um componente importante da felicidade, mas mesmo o vínculo mais próximo e de maior apoio mútuo pode ser distorcido por negligência, ciúmes ou tensões externas. A comunicação aberta e honesta é fundamental. Este capítulo examina maneiras de manter um relacionamento existente e de lidar com crises causadas por qualquer coisa, desde questões sexuais até o controle coercitivo por um parceiro. Há também conselhos para recuperar o amor perdido e, se isso não funcionar, lidar com a rejeição.

COMO LIDAR COM A TRAIÇÃO

A traição pode assumir muitas formas, incluindo o abandono, espalhando mentiras e mexericos e utilizando recursos conjuntos de forma egoísta. Entretanto, a traição arquetípica é estar tendo um caso. A vítima vê toda uma história de confiança equivocada se desdobrando: a realidade não é o que parecia. A pessoa que você amou se revela ser outra. Agora você está diante de uma escolha: você termina o relacionamento, já que a base da confiança se foi; ou você aceita o arrependimento do culpado e tenta perdoar e continuar? Muitas vezes, é difícil fazer o julgamento correto - aquele que é melhor para você (e, às vezes, para seus filhos).

Leve um tempo

O processamento de emoções turbulentas leva tempo. Evite decisões apressadas. Deixe que as consequências da descoberta evoluam. Entre as discussões sobre a crise, dê tempo para falar de outras coisas. Aceitar a atmosfera pode ser tenso se você continuar a compartilhar refeições ou atividades de lazer. Talvez você queira fugir por um tempo. Se assim for, explique o que você está fazendo - saídas dramáticas sem explicação tendem a tornar a reconciliação menos provável.

Estabeleça linhas vermelhas

Se você decidir perdoar, ou tentar, e continuar com a relação, deixe claro qual comportamento no futuro seria uma quebra de contrato para você. Deixe que seu parceiro também estabeleça linhas vermelhas. Entre os dois parâmetros, considere se um vínculo contínuo seria viável. Se houver alguma coisa que vocês desejem mudar na maneira como funcionam juntos, agora é o momento de dizer isso.

TRANSFORMADOR
Entenda as razões

Veja o clima de sua relação em que ocorreu a traição. Se estiver contemplando o perdão, você deve entender isto. Tenha a coragem de considerar se seu próprio comportamento desempenhou um papel em sua busca de proximidade, conforto ou prazer em outro lugar. Você negligenciou de alguma forma seu parceiro? Você falhou em escutar quando ele tentou expressar seus sentimentos? Você ignorou as prioridades dele com as suas? É claro, mesmo que a resposta seja sim, isso não desculpa a traição; mas pode tornar mais fácil perdoar.

Triangule

A terapia com um mediador profissional oferece um lugar seguro para que os verdadeiros sentimentos sejam transmitidos de ambos os lados. O terapeuta o orientará a explorar as questões subjacentes. Esta é uma boa maneira de penetrar em sentimentos frágeis abaixo da raiva inicial. Você precisa se inscrever em uma série de reuniões, não apenas uma, já que a situação pós-traumática é fluida - ou, se não for, precisa se tornar fluida, para desafiar posições infundadas improdutivamente.

Aceite o verdadeiro remorso

Dizer que não tem utilidade pedir desculpas não é útil: cria um bloqueio. É melhor fazer perguntas pertinentes, tais como: "Como posso ter certeza de que isto não acontecerá novamente?" Alternativamente, responda dizendo como você se sente atualmente, e quais são as dúvidas que tornam ainda impossível perdoar. A dor do coração, se você permitir sua expressão, é um elemento importante da química da cura.

Diga todos os seus sentimentos

A raiva tende a vir à tona imediatamente, mas outros sentimentos também entrarão na mistura. Um é a humilhação; outro é a dor de ser enganado. Tente descrever estes sentimentos sem perder o controle do que você está tentando dizer. As lágrimas são quase inevitáveis, mas é possível, devagar e com determinação, comunicar-se através de sua cortina.

TRANSFORMADOR

Seja positivo

Se você decidir continuar, talvez com perdão qualificado, seu relacionamento pode crescer ainda mais forte no tempo. Encoraje isto comunicando-se autenticamente - continuando a abertura que a traição talvez tenha provocado. Evite usar a traição passada como uma arma em desacordos triviais ou não relacionados: a ferida deve ser deixada sozinha em algum momento para que possa curar.

COMO LIDAR COM PROBLEMAS SEXUAIS

O sexo no seu melhor é uma expressão natural do amor através da intimidade. O toque amoroso beneficia tanto a saúde quanto o bem-estar. Entretanto, a vida sexual de um casal pode ficar comprometida por muitas razões. Estas incluem: perda da libido em um parceiro ou em ambos; exaustão das pressões familiares e/ou de trabalho; problemas de saúde; dificuldades eréteis; mudanças relacionadas à menopausa na mulher. A coisa mais próxima de uma cura - tudo, especialmente na vida posterior, é focalizar o contato amoroso - abraçar, massagear. Se o sexo se materializa, isso é um bônus. No entanto, a abstinência involuntária pode causar problemas de baixa autoestima. Além disso, os problemas de fertilidade podem tornar o sexo uma atividade demasiado carregada para ser mais agradável.

Relaxe

O estresse pode fazer com que você queira mais ou menos sexo - qualquer resposta pode ser um problema para seu parceiro. Faça exercícios de relaxamento. Se estiver tomando medicamentos para o estresse (ou qualquer outra condição), investigue se isso pode estar diminuindo sua libido: pode haver tratamentos alternativos.

Fale e se comprometa

Quando cada parceiro tem necessidades sexuais diferentes ou um nível diferente de apetite, falar livremente e estar disposto a transigir é o melhor caminho. Possivelmente a falta de desejo sexual resulta de alguma questão subjacente ainda não abordada - por exemplo, um parceiro desaprovando o comportamento do outro (qualquer coisa desde rudeza na empresa até fraude fiscal). Converse, aprenda e fique aberto a sugestões.

TRANSFORMADOR

Esqueça a imagem corporal

Seu corpo pode ser alterado por gravidez, doença, envelhecimento, ganho ou perda de peso e cirurgia, de forma a comprometer sua imagem corporal - e seu conforto em compartilhar seu corpo com um parceiro. Certamente, dieta ou exercício podem melhorar a forma como você se sente e parece, mas tente não colocar o sexo em espera enquanto isso. Você não está em um concurso de beleza, nem em uma audição para um anúncio de estilo de vida. Aceitar - e depois esquecer - suas "imperfeições" e as de seu parceiro pode abrir novas perspectivas de prazer compartilhado.

Solte os alvos

Quando um ou mais orgasmos, ou um orgasmo compartilhado, é seu objetivo na cama, o sexo torna-se um teste de habilidade, o que é inapropriado. Assim é o desejo de demonstrar seu domínio de todo um repertório de posições, como um ginasta. O medo de não acertar pode estragar o prazer de um parceiro ou de ambos. Relaxe sobre sexo e conteúdo para ver o que acontece quando você fala sobre o que quer e experimenta sem expectativas fixas.

Estabeleçam limites juntos

Quando um parceiro é excitado por algo que o outro está relutante em tentar, qualquer veto deve ser respeitado. Tenha em mente que um fetiche leve não é necessariamente prejudicial. A servidão consensual e outros papéis podem ser agradáveis para ambos, desde que ninguém se sinta magoado ou incomodado. Estabeleça parâmetros de antemão e trate-os como sacrossantos - incluindo se deve contar a amigos próximos sobre suas experiências. Evite absolutamente ver pornografia: ela tende a estragar o prazer sexual na vida real.

TRANSFORMADOR

Veja um consultor

O aconselhamento de casais pode ajudar em qualquer problema de relacionamento. Se a mecânica do sexo não estiver funcionando, consulte um especialista médico - vá junto, mesmo que apenas um dos dois corpos não esteja funcionando. Você não precisa se envergonhar de um profissional: eles são treinados para serem desapegados, mas simpáticos. Se estiver tentado pelo Viagra, verifique as contradições e efeitos colaterais (incluindo possíveis dificuldades de visão) e fale com seu médico antes de experimentar a droga.

Ganhe tempo apesar do bebê

Ser pai, especialmente com um recém-nascido, pode ser cansativo, e ambas as partes devem ser tolerantes se o sexo se revelar elusivo. Entretanto, vale a pena reorganizar sua rotina ocasionalmente para um feitiço no quarto juntos, a qualquer hora do dia.

COMO LIDAR COM A DIFERENÇA

A compatibilidade, por definição, caracteriza qualquer relação próspera, mas seu significado varia muito. Parceiros que diferem em raça, classe, política e/ou interesses ainda podem ser harmoniosos, embora alguns indivíduos privilegiem a similitude em pelo menos uma dessas áreas.
As incongruências físicas (como a altura) podem entrar em cena. Qualquer diferença acentuada, superficial ou profunda, pode inicialmente causar ansiedade ou tensão, mas depois derreter, ou ser resolvida, à medida que o amor cresce.
Pense em um casal cujos padrões de trabalho os mantêm em sua maioria separados, ou nas complicações de filhos e netos quando alguém sem filhos se junta com um criador prolífico: você pode superar tais diferenças potencialmente divisórias através do compromisso mútuo de encontrar uma solução.

Tente com esperança

Se atraídos por alguém que parece incompatível, por que não passar tempo juntos e ver o que acontece? É normal ter reservas após os primeiros encontros. Experimente diferentes cenários - refeições fora, noitadas, passeios culturais, passeios pelo país. Passar até um dia inteiro juntos. Não reprima sentimentos incipientes com base em suposições pré-condicionadas. As diferenças podem ser positivas: elas ampliam os horizontes de ambas as partes. Mergulhar nas perseguições apaixonadas um do outro. Adote este lema: fale, não se afaste.

Negocie o medo da família

Quando um relacionamento promissor se desenvolve, vocês devem lidar com qualquer aversão a parentes que pairam nas redondezas. Ninguém pode escolher sua própria família ou a de seu parceiro. Cuidado com as reações instantâneas às novas pessoas que você encontra: leva tempo para encontrar seu verdadeiro valor, e seu comportamento inicialmente pode ser constrangedor. Entretanto, não se deixe atrair pelos encontros familiares até que você se sinta pronto. Se for profundamente resistente, explique o porquê: peça o tempo que você precisa. Dê e peça muitas informações para que, quando todos se encontrarem, haja muito o que conversar.

TRANSFORMADOR

Evite a monocultura

Os casais "monoculturais" são aqueles que fazem tudo juntos e funcionam inteiramente como uma unidade. Isto pode servir a alguns, mas é mais saudável para uma parceria que mistura independência com co-dependência. Algumas coisas serão feitas juntas, outras separadas (até mesmo férias, se for o que ambos preferirem). Se vocês acabarem se vendo menos do que a maioria dos casais, certifique-se de aproveitar ao máximo o tempo compartilhado. Seja expressivo em seu amor. Estimulem um ao outro no crescimento pessoal, mesmo onde ele traça uma direção que vocês não podem seguir. Compartilhem as experiências um do outro na conversa.

COMO LIDAR COM A REJEIÇÃO

Ser rejeitado por um parceiro, ou potencial parceiro, pode parecer um ataque à sua própria essência. A dor tende a ser agravada pela frustração - já que nada do que você diz ou faz é provável que reverta a situação. Não há um tribunal de apelação confiável. Todos têm o direito de se afastar, e com relutância - mesmo angústia - você deve aceitar a escolha do outro. Muitas vezes, você pode sentir que merece o amor dessa pessoa, esquecendo que ela o vê de forma diferente em relação às suas necessidades e ambições de relacionamento. Pode haver uma grande parte do caráter deles que você nunca conhecerá - o que aumenta a frustração. Para curar o mal da rejeição, você precisará mergulhar profundamente na resiliência interior.

Aceite seus sentimentos

Desapontamento, raiva, consternação - essas emoções e muito mais podem ser sentidas com muita intensidade. Inicialmente, o choque da revelação pode deixá-lo sem palavras. Você pode até sentir-se desmaiado, tonto ou sem fôlego e congelado na imobilidade. Mais tarde, é provável que as emoções se instalem em contínua depressão melancólica. Dê a si mesmo permissão para sentir e expressar tudo isso, ao invés de imaginar que estar tão perturbado é um sinal de fraqueza. Você não precisa sofrer em silêncio. Encontre um amigo empático em quem você possa confiar e deixe tudo sair. Pode demorar um mês ou mais até que você possa voltar a viver plenamente.

TRANSFORMADOR
Escolha sua resposta

Como em qualquer emoção, a forma como você lida com a dor da rejeição está totalmente sob seu controle. Sentir a dor é diferente de se absorver nela. Resolva que esta rejeição não o derrotará. Recuse-se a deixá-la deformar sua opinião sobre seu próprio valor. Concentre-se em fazer algo positivo ou agradável (mas definitivamente não o abuso de substâncias) para deslocar seus pensamentos negativos. Pode haver muito histórico de relacionamento a ser processado, mas deixe isso em espera por uma semana ou mais enquanto você se concentra na autorreparação.

Evite o isolamento
Ver amigos em ambientes sociais o lembrará da normalidade. Os bons amigos, certamente, o apoiarão da maneira mais útil que puderem pensar. Você pode não ser capaz de se envolver totalmente no início, mas haverá períodos, pelo menos quando você esquecer - e estes serão sutilmente curativos.

Mantenha a privacidade
Muitos que são rejeitados desabafam seus sentimentos nas mídias sociais, mas é provável que isso traga impulsos dos quais você se arrependerá mais tarde. Mantenha-se digno. Se você precisar se expressar longamente, faça-o em particular, à mão, em um diário. Um dia, quando você se sentir completamente curado, poderá escolher queimar isto em uma cerimônia de reconciliação e perdão.

COMO LIDAR COM O TEMPO SEPARADO

Os casais, muitas vezes, vivem separados. Um parceiro pode ter que trabalhar em outro lugar, mesmo no exterior. Às vezes, há uma rotina estabelecida, alternando casa (talvez apenas fins de semana) e fora. Situações familiares também podem desempenhar um papel, exigindo visitas prolongadas a outros lugares. Menos comum é o problema da prisão, uma crise para a qual as oportunidades de apoio mútuo são terrivelmente limitadas. A separação forçada pode testar severamente um relacionamento, mesmo quando a vida à parte é temporária. Entretanto, há estratégias que podem ser postas em prática para reduzir a tensão, ou pelo menos impedir que ela atinja o ponto de ruptura.

Programe longas conversas

Falar longamente, todos os dias, pode ser potencialmente perturbador para ambos. Se você quiser um contato diário, agende pequenas conversas de ‹check-up› todos os dias, mais uma conversa muito mais longa por telefone ou pelo Skype em um horário combinado, digamos semanalmente. Expressem seus sentimentos um pelo outro: um simples "Amo você" faz uma enorme diferença. Avise se você não poderá receber uma chamada no horário de costume, ou você vai causar preocupação.

Seja sociável

A ausência de seu parceiro, provavelmente, abrirá um buraco em sua vida social. Preencha isto com a companhia de bons amigos. Antes de começar a separação, deixe claro para os amigos que você terá interesse em se encontrar com frequência: seja aberto sobre suas razões. Favoreça os amigos que seu parceiro gosta, para evitar alarmá-lo.

TRANSFORMADOR
Conforto em objetos

A presença de seu parceiro - um brinco, uma lâmina de cabelo, um botão de punho - pode exalar um poder curativo. Guarde-o ao lado de sua cama ou carregue-o sempre consigo. Imagine que ele é carregado com o amor de seu parceiro. Contemple-o quando você se sentir só e absorva sua energia. Mantenha também fotografias em sua carteira/livro de bolso - as impressões são mais especiais do que as fotos armazenadas em um celular.

Abrace a independência

Alguns casais vivem separados por escolha, mas, às vezes, é a escolha de um, não de ambos. A ideia de casas separadas não deve ser descartada automaticamente. Se seu parceiro viveu sozinho por algum tempo, compartilhar pode ser um choque, particularmente em relacionamentos de pessoas mais velhas. Dê-lhe tempo para chegar a um ponto de vista estabelecido. Não se fixe no simbolismo de ter lares separados, nem no que os outros pensam. Se vocês desfrutam de tempo de qualidade juntos, ser capaz de se mover à vontade entre o "dele" e o "meu" pode ser uma vantagem. Entretanto, é crucial ter respostas para as seguintes perguntas: Posso confiar nele(a)? Eles podem ter um motivo oculto? O custo de gerenciar duas casas limita suas vidas?

COMO REAVIVAR A FAÍSCA

A familiaridade em uma relação pode levar à estagnação. Quando falta a faísca, as discordâncias tendem a ser exageradas. As tensões se instalam, com disputas recorrentes - muitas vezes, sobre as mesmas questões antigas. Podemos nos deparar com um estoque interno de queixas não expressas, que vêm à tona quando os ânimos se exacerbam. Em vez de ter prazer ativo na companhia um do outro, cada um começa a tomar o outro como garantido, talvez, até mesmo achando-os aborrecidos em comparação com os novos amigos. Em tais situações, a melhor abordagem é uma reflexão conjunta, combinada com uma comunicação aberta e honesta. Como nas casas antigas, os relacionamentos precisam de manutenção regular.

Reverta o padrão

É fácil focar nos pontos ruins do outro, esquecendo os bons. Entretanto, com esforço, este padrão pode ser revertido. Crie espaços juntos nos quais seu vínculo amoroso possa florescer novamente. Experimente coisas novas, explore novos lugares, substitua rotinas antigas por novas - uma mudança de qualquer tipo pode atuar como um catalisador para redescobrir.

Aprenda com o feedback

Você pode ter ouvido as reclamações de seu parceiro muitas vezes, mas você realmente as ouviu e as levou a sério? Reserve um tempo para conversas significativas. Considere qual é a maneira mais honesta e amorosa de responder - e não a mais fácil.

TRANSFORMADOR

Aceite a mudança

Seu parceiro não pode permanecer exatamente como quando vocês se encontraram pela primeira vez - isso seria uma relação fossilizada, não uma relação orgânica. Ele ainda é a mesma pessoa, mas suas prioridades e experiências o colocaram em um lugar diferente. O mesmo se aplica a você, é claro. Continue compartilhando e falando, e deixe as formas externas de seu amor evoluírem em resposta às circunstâncias.

Tenha empatia

Quando seu parceiro expressar suas emoções, não contrarie com uma resposta baseada puramente na razão. Explorem as emoções juntos, e descubram o que pode ser feito para limitar qualquer impacto negativo. Aceite os sentimentos de seu ente querido, mesmo que pareçam desproporcionais aos fatos.

Toque com frequência

A eficácia do tato para a tranquilidade e para demonstrar amor e compromisso não pode ser forçada. Abrace e toque com frequência, mesmo quando não há nenhuma angústia óbvia a ser aliviada. Invista cada toque ou beijo com significado - evite bicos perfunctórios.

Tenha uma conversa de memória

Um relacionamento tende a ser aprimorado quando os parceiros se lembram ativamente dos bons momentos - incluindo sua apreciação nos primeiros dias. Uma caminhada pela faixa da memória pode ser profundamente refrescante, especialmente quando riem juntos sobre incidentes humorísticos.

COMO LIDAR COM A SEPARAÇÃO

A metáfora da "separação" é apropriada: uma parte inteira de você foi arrancada - mesmo que você tenha iniciado a separação. Você alimentou algo que pereceu. Suas emoções vão diminuindo com o tempo. Enquanto isso, você precisa tomar conta de si mesmo, sem imprudência e sem se machucar - por exemplo, relações de recuperação inadequadas e refugiando-se na bebida e nas drogas. Alguns perseguem seu ex, incapazes de cortar o laço. Aceite que o relacionamento está acabado. Ajustar-se a ficar sozinho novamente significará mudar suas rotinas. Você enfrentará perguntas - você deve ir a uma festa sabendo que seu ex vai estar lá? Você pode continuar amigo? Deixe que o tempo dê as respostas.

Tenha compaixão de si mesmo

Sentir-se isolado, confuso, ansioso sobre o futuro são reações naturais. Suas emoções podem mudar dia a dia, de semana a semana. Não se repreenda pela fraqueza percebida: todos em sua situação sentem estas coisas. O choro pode ser terapêutico. Seja tão compassivo para consigo mesmo quanto seus melhores amigos. Dê a si mesmo tempo para lamentar.

Acabe com o pesar

Há muitas coisas de que você pode se arrepender - não atender aos sinais de alerta, não estar presente quando necessário, não ouvir; ou, inversamente, não sair mais cedo. No entanto, o arrependimento só o fará sentir-se pior. Não se fixe no que está fora de seu controle: o passado.

Evite o recuo individual

Companhias ajudarão na cura. Convide pessoas para as refeições: atividades positivas como cozinhar podem fazer você se sentir melhor. Por mais profundo que seja seu sofrimento, é encorajador saber que os amigos ainda o fazem rir. Tire umas férias com um ou dois, se possível - dois ou três meses após a separação seria o momento ideal.

Pense em mudança, não em desastre

Em vez de ver (e falar sobre) sua perda como um desastre, tente vê-la como uma mudança, uma oportunidade de crescimento pessoal. Você tem o direito de se sentir triste, mas evite se sentir vitimizado. Algo estava fora de equilíbrio: isso agora foi corrigido.

TRANSFORMADOR

Esteja de coração aberto

A plenitude pode parecer uma perspectiva remota, mas você a encontrará se permanecer de coração aberto. Isto não significa necessariamente prontidão para um novo relacionamento. Significa estar aberto a experiências positivas de qualquer tipo, e seguir quaisquer pistas promissoras que se apresentem.

Fale com as crianças

A prole adolescente pode ser tão carente emocionalmente quanto as crianças mais novas. Não imagine que as crianças reajam como você reagiu. Pergunte-lhes como elas se sentem e quais são suas preocupações. Seja honesto sobre o que aconteceu. Não dê falsas promessas.

COMO RECONQUISTAR SEU ENTE QUERIDO

Persuadir um parceiro perdido de volta aos seus braços é um projeto, muitas vezes, condenado desde o início, se for fruto do desespero. Se você acredita na chance de renovação, considere o quanto isso é realista. Mesmo que o sucesso pareça improvável, talvez você sinta que seria errado não tentar. Pode valer a pena lutar pelo amor - embora "lutar" possa ser a metáfora errada se o problema, em primeiro lugar, girou em torno do conflito! Há muitos precedentes - casais que se reúnem após uma traição, uma briga ou sentindo que seu verdadeiro destino está em outro lugar. Seja esperançoso, mas pense seriamente em como proceder.

Seja altruísta

Fazer algo gentil ou generoso - mesmo à distância - sem expectativa de recompensa pode melhorar a maneira como você é percebido e, talvez, ajudar a preparar o caminho para novos contatos. Não faça alarde, apenas aja no interesse de seu ex.

Permita um intervalo

Estar separado por um tempo dará a seu ex a oportunidade de sentir sua falta - e você terá tempo para considerar como abordar a situação e corrigir quaisquer falhas no seu comportamento que possam ter levado à divisão. Se você estiver passando por uma separação experimental, evite o contato até que o tempo limite acordado seja alcançado: pelo menos um mês é desejável.

Trabalhe por conta própria

Faça quaisquer mudanças que você saiba que serão bem-vindas - emagreça, pare de beber ou fumar, seja voluntário para uma causa beneficente, atualize seu guarda-roupa, ou o que quer que seja. Qualquer sinal de esforço - desde que não pareça desesperado - é provável que seja bem recebido.

Evite se jogar

Quando você voltar a ver seu ex, evite o clichê óbvio: "Tive tantas saudades suas!" Ao invés disso, pergunte sobre seu bem-estar, seu trabalho, sua família. Não se intrometa na vida pessoal deles. Se eles tiverem um novo parceiro, isso sairá a tempo. Mesmo que eles tenham, isso não reduz necessariamente suas chances. Qualquer ciúme que você demonstre trabalhará contra você.

TRANSFORMADOR

Não interprete em demasia

Tenha a mente aberta para o resultado e tenha cuidado para não atribuir demasiada importância a pequenos sinais - como ele ou ela escolher um lugar familiar para se encontrar, ou dizer que estão ansiosos para vê-lo. Se você sentir que está sendo encorajado, evite desfocar algo de que se arrependerá ou se mudará instantaneamente com um beijo. Paciência é tudo.

Tente um não-encontro

A reunião cara a cara não é o único caminho. Considere organizar uma refeição ou um passeio com amigos, para que ele ou ela possa vê-lo respondendo aos outros. Isto pode tirar a pressão da situação, e fazer com que seja menos provável que você se atire de cabeça na situação. Tente apenas se divertir, sem se preocupar com o progresso.

COMO TERMINAR UM RELACIONAMENTO FRACASSADO

O primeiro ponto diz respeito à diferença entre as relações amorosas e as experiências malsucedidas. A primeira deve ser tratada com muito cuidado; com a segunda, uma combinação de honestidade com cortesia deve levá-la ao fim. As coisas devem ficar muito ruins antes que uma ruptura em um vínculo estabelecido chegue ao ponto de não retorno. No entanto, se vocês tiverem tentado conversar e fazer mudanças na maneira como vocês funcionam juntos, e ainda assim não parece haver esperança, a ruptura pode ser a melhor opção. Abaixo estão algumas diretrizes para aqueles que sentem que não têm outra escolha senão iniciar uma separação.

Cuidado com os ultimatos

Dizer que você vai embora a menos que as coisas mudem é arriscado: você pode ser forçado a entrar em ação. Usar a ameaça de sair como alavanca pode ser um exagero de autodestruição.

TRANSFORMADOR

Faça duas listas

Antes de se comprometer a partir, faça uma lista de problemas que estão tornando seu relacionamento impraticável. Depois faça uma lista de razões pelas quais esses problemas não podem ser resolvidos. Deixe isso por um tempo, depois volte a elas e veja se a segunda lista ainda parece certa. Se as possíveis soluções dependem da resposta de seu parceiro, tome sondagens para verificar esta suposição.

Imponha um embargo de notícias

Por todos os meios, discuta problemas de relacionamento com os amigos, mas evitando dizer a um amigo que você definitivamente planeja uma pausa. Ninguém deve saber até que você tenha contado ao seu parceiro - caso contrário, a notícia pode vazar.

Mostre consideração

Onde, quando e como dizer é crítico. Evite ter a conversa em um lugar onde vocês tenham aproveitado seus melhores momentos juntos. Não dê a entender que você queira se encontrar por razões românticas ou para compartilhar uma bebida ou refeição agradável. Dê tempo para perguntas e respostas - a menos que você tenha uma reclamação e queira mantê-la. Não escolha um momento em que seu parceiro esteja vulnerável - antes de um exame ou de uma reunião de trabalho difícil. A sexta-feira pode ser boa, com um fim de semana inteiro antes que eles tenham que enfrentar os colegas de trabalho.

Tempo de cara a cara

Por mais longa que a relação tenha durado, não há razão para ser mais dolorosa do que o necessário: demonstre gentileza. Tenha a coragem de dizer cara a cara. As exceções seriam quando a relação é de longa distância (telefone, não e-mail ou, pior ainda, texto) ou quando você foi intimidado ou abusado.

Seja firme

Uma separação não precisa ser dramática, mas precisa ser decisiva se você já tiver pensado o suficiente.

COMO LIDAR COM A INFERTILIDADE

Descobrir que você é infértil pode ser um choque, fazendo você se sentir defeituoso como pessoa. Você sentirá perda e estresse. Sua prioridade deve ser transformar padrões negativos de pensamento em positivos, com o apoio emocional de entes queridos. Quando você estiver pronto, junte-se ao seu parceiro para planejar um caminho a seguir, com base na pesquisa minuciosa das opções. Se você escolher a fertilização artificial, seu planejamento precisará cobrir os custos, o que pode ser assustador - mas, a longo prazo, pode ser sustentável. Em todos os aspectos, procure encontrar um equilíbrio entre o otimismo e o realismo.

Reconheça suas emoções

Descobrir que você é infértil é uma crise, e você deve aceitá-la como tal. A negação, a frustração, a acusação e a culpa podem fazer parte da mistura. Ao reconhecer suas emoções, você dá o primeiro passo para trabalhar através delas. Fale livremente sobre como você se sente. Comece um diário: isto pode ser terapêutico, e o equipará para monitorar o progresso.

TRANSFORMADOR

Não se culpe

É comum olhar para trás e lamentar: eu não deveria ter tido essa rescisão, deveria ter me concentrado mais em minha saúde, sou ingênuo ao pensar que as crianças viriam quando eu quisesse. Os arrependimentos são improdutivos. Foco no futuro - como todos os futuros pais fariam.

Aceite a diferença

Uma armadilha comum para casais com problemas de infertilidade é imaginar que cada parceiro irá experimentar as mesmas emoções. Compartilhar é essencial, mas esteja preparado para respostas diferentes. O crucial é apoiar um ao outro de forma empática, acordar um plano prático e executá-lo com igual compromisso.

Mantenha-se forte

Se a fertilização artificial falhar, evite culpar seu parceiro (ou você mesmo) ou entrar em pânico. Tente entender o que aconteceu. Concentre-se no que correu bem. Considere cuidadosamente suas opções. Cuide de seu relacionamento.

Estabeleça um limite de tempo

Decidir até onde você está disposto a ir para engravidar fará você sentir que está no controle de sua vida. Veja as chances, com base em estatísticas médicas. Alguns descobrem que não aguentam mais decepção. Converse com um psicólogo com experiência neste campo. Geralmente, a chance de concepção decresce após três ciclos de fertilização. Decida desde o início sobre quaisquer opções que você rejeite - tais como procedimentos mais invasivos.

Tenha um plano B

A adoção é mais óbvia, e dentro dela há vários caminhos a serem explorados. A substitutibilidade é outra possibilidade. Mas, não se sinta pressionado: você pode preferir envolver as crianças em sua vida de alguma outra forma.

COMO LIDAR COM UM PARCEIRO OPRESSOR

Mesmo quando o amor está presente, também pode haver opressão, seja físico ou emocional, ou ambos. Os jogos mentais podem ser tão prejudiciais quanto os danos tangíveis. Quando a agressão alterna com a ternura, você pode tolerar como o preço pago pelo amor, mas isso nunca é o correto. Alguns não conseguem ver a intimidação de relacionamento pelo que é, uma vez que é diferente da versão do playground - com imprevisibilidade, interrupções, comentários maliciosos, explosões de raiva, acusações, depreciações, retendo sexo, deixando as tarefas desfeitas, pisando fora. A insegurança geralmente contribui para o comportamento opressivo. Uma resposta compassiva, porém, firme, pode conseguir a transformação - mas estabeleça limites de tolerância e esteja preparado para agir se eles não forem cumpridos.

Diga como você se sente

As declarações "eu sinto" podem ser a maneira mais eficaz de provocar mudanças. O terreno é deslocado do jogo de poder para a abertura e o compartilhamento. Um valentão inveterado pode procurar explorar seus sentimentos, ou humilhá-lo por eles, mas vale a pena correr o risco. Pelo menos você aprenderá mais sobre quão profunda é a agressão.

Rejeite o sarcasmo

O sarcasmo em resposta a uma pergunta sincera é uma tática típica de intimidação. Não veja isto apenas como um estilo de humor diferente - é agressivo, e não deve ser tolerado. Deixe isto claro.

Chame, não conspire

As vítimas do opressor, às vezes, o defendem aos outros, culpando-se pelos problemas do relacionamento. Em vez de apoiar o agressor, exponha seu comportamento: recuse-se a aceitar. Às vezes, tomar uma posição firme pode ser suficiente para fazer um agressor entender que algo tem que mudar, e até mesmo buscar ajuda profissional.

Tenha um(a) confidente(a)

Ao lidar com comportamentos de opressão, relate todas as suas experiências a um amigo ou familiar de confiança que possa lhe dar apoio emocional, assim como testemunha no futuro. Um assistente social, terapeuta ou padre também podem (ou, alternativamente) ser um aliado útil. Se você preferir manter as coisas anônimas, as linhas de ajuda adequadas são amplamente divulgadas. Confie também em um diário - e mantenha-o escondido.

Elogie a boa comunicação

Dar um feedback positivo quando seu parceiro é gentil ou comunicativo pode ajudar a imprimir a mensagem básica: você gosta de seu parceiro quando ele é gentil - e não de outra forma.

TRANSFORMADOR

Saldo

Fugir de uma situação prejudicial pode ser o melhor para você. Você precisará ter a coragem de aceitar grandes mudanças em sua vida, inclusive onde colocar sua cabeça. A terapia pode ajudar imensamente. Pode ajudar se você pensar na opressão como uma emergência, como um incêndio florestal ou um tufão: ficar não é uma opção.

Capítulo 5
Eventos Marcantes

Existem certos desafios comuns que, pelo menos potencialmente, são suficientemente severos para justificar um tratamento separado - embora muitas das estratégias descritas anteriormente neste livro sejam aplicáveis. Estes são o que você pode chamar de "dias sem sorte" - tempos que invocam todos os nossos poderes de resistência, imaginação e engenhosidade para ultrapassá-los com nosso gosto pela vida intacto. Aqui nos concentramos em 10 situações deste tipo, desde ter que fazer um discurso em público até as tensões mais prolongadas de uma aposentadoria despreparada.

DISCURSO PÚBLICO

Aqueles que gostam de falar em público apreciam seu total controle sobre o que dizem e como o dizem. Mas, isto é o que aqueles que odeiam falar em público acham tão aterrorizante: expostos a um escrutínio de uma única mente, eles não têm onde se esconder. Na tabela do campeonato de medos, o discurso é um dos mais importantes. Com o coração acelerado, os sofredores tremem, suam e só conseguem respirações curtas e superficiais, e sua voz fica mais difícil de controlar - o que diminui ainda mais a autoconfiança e prejudica o desempenho. Entretanto, este medo pode ser reprogramado, e a espiral negativa transformada em positiva à medida que você começa a se sentir mais confortável, e a receber respostas encorajadoras de um público.

Mantenha um foco atento

Avaliar constantemente seu próprio desempenho enquanto fala é uma receita para desapontamento. Você precisa se concentrar no que você está dizendo e na sua linguagem corporal. Habite as palavras: não apenas fale-as. Veja o público como uma tela em branco incidental: se você se aproximar de um rosto entediado, ou de um rosto solene quando você pretende ser engraçado, você vacilará.

Empurre a ansiedade para longe

Um foco atento não eliminará completamente o nervosismo, mas o ajudará a colocar suas ansiedades de lado, como inúteis, permitindo que você se concentre em sua tarefa. Não se assuste com o tamanho do público: ainda é um único discurso.

Prepare-se bem

Domine seu material através da prática. Suas preocupações com a ocasião iminente podem fazer você se opor a isso, mas isso realmente ajuda. Pouco antes do evento, dê uma pequena caminhada ou faça alguns exercícios respiratórios.

Conecte-se com a plateia

Olhe para a plateia, em massa, antes de começar a falar. Reconheça sempre seu silêncio respeitoso e seus bons votos para você. Agora, dê a eles sua oferta em troca. Sorria - pelo menos um pouco, a menos que a ocasião seja solene; mesmo assim, é melhor parecer agradável.

Evite os começos hesitantes

Começar com força ajuda a construir um impulso. Começar com uma tentativa amena e esperar que sua confiança se construa não costuma funcionar.

TRANSFORMADOR

Use cartões de anotações

Os cartões de anotações são bons - você pode passar de um para outro de forma menos intrusiva do que com papel. Você deve ser capaz de ler suas notas e compreendê-las - não seja muito crítico. Ler literalmente a partir de um roteiro torna o desempenho mecânico. Uma boa abordagem é usar notas breves como avisos, com algumas frases ou frases-chave escritas.

Seja você mesmo

Incorpore muitas pausas breves enquanto fala e use-as para atender à sua respiração. Esta técnica ajuda a ser você mesmo.

EXAMES

Pessoas que conhecem a pressão do exame, às vezes, têm pesadelos com a experiência anos depois. Na acumulação, os exames podem ser altamente estressantes. Você pode sentir que tem que passar cada hora de vigília revisando, e muitos prolongam as horas de vigília até o horário normal de sono. Acrescente-se ao enorme volume de revisão a incerteza preocupante: você será pego desprevenido por perguntas para as quais não está preparado? Muitas vezes, o fator decisivo aumenta a pressão. Os candidatos geralmente sentem que não são suficientemente brilhantes ou conhecedores para a enormidade da tarefa. Entretanto, há métodos que você pode seguir para aumentar suas chances de ter o melhor desempenho possível.

Use o passado

Ajuda se você praticar em trabalhos anteriores sob condições simuladas de exame. Inicialmente, você deve estar com um timer, depois, tentar fazer trabalhos sem um timer até desenvolver um bom senso de ritmo.
Evite basear sua revisão em adivinhar que perguntas surgirão. Duas falácias a evitar são: 1) Há sempre uma pergunta sobre X; 2) No ano passado houve uma pergunta sobre Y, então este ano Y não virá à tona.

Permaneça no caminho certo

Ao revisar, você obviamente precisa manter as distrações à distância. Entretanto, lembre-se que uma possível distração é o próprio assunto - é fácil ir muito longe em um caminho de exploração. Concentre-se no que você sabe, não no que você não sabe. Você está revisando, não pesquisando.

Viva bem

Comece a revisar com muita antecedência e faça seu melhor para se adaptar às atividades normais - refeições adequadas, bastante exercício, eventos sociais com amigos. Evite comidas não-saudáveis e bebidas energéticas. Pular o café da manhã pode levar a uma perda significativa do desempenho cognitivo. Beba muita água - e reduza o consumo de cafeína. Exercício por pelo menos 30 minutos por dia: isto alivia o estresse e aumenta o poder cerebral.

Multiplique o aprendizado

Aproveite qualquer chance de tempo de inatividade relevante. Se estiver fazendo um curso de literatura, talvez você possa ver uma peça de teatro que está estudando; ou se a biologia for seu assunto, faça uma viagem a um museu de história natural.

Use cartões de teste

Escrever pontos chaves sucintamente em cartões do tamanho de um cartão postal que você carrega no bolso ou na bolsa é uma maneira de se testar e revisar em movimento. Use cartões para fazer uma lista de verificação de cada assunto inteiro: examine regularmente cada cartão, ponto por ponto, para verificar se você tem o conhecimento correspondente em sua cabeça. Desenhar um mapa mental em alguns cartões também pode ajudar - uma imagem gráfica simplificada (com anotação) de um assunto em particular, mostrando os destaques temáticos, fatos-chave e assim por diante.

TRANSFORMADOR
Priorize o sono

Trabalhar nas pequenas horas pode ser necessário, mas evite manter-se acordado com café ou seu sono vai sofrer. Durante o período do exame, e uma semana antes do primeiro teste, procure dormir seis horas ou mais. Ficar sem dormir totalmente, certamente, prejudicará seu desempenho no dia seguinte.

Esquive-se dos problemas
Se você encontrar uma pergunta que não pode responder, não entre em pânico. Qualquer estresse afetará sua clareza de pensamento. Em vez disso, levante os olhos e respire fundo. Olhe novamente para a pergunta. Se você ainda estiver preso, passe para outra.

Evite o estresse depois
É tentador comparar notas com outras pessoas, mas evite entrar em detalhes: sua confiança pode ser minada. Ir direto para casa pode ser uma política melhor. Euforia temperamental pós-exame - mesmo as pessoas mais moderadas podem fazer coisas das quais se arrependem. Antes que os resultados cheguem, envolva-se em atividades intencionais para manter à distância qualquer sentimento de vazio anticlimático. Trate este interlúdio como uma oportunidade e uma pausa em sua aprendizagem ao longo de sua vida.

CONFRONTOS

Os conflitos podem surgir do nada, mas, às vezes, você os vê chegando dias ou semanas antes. Quando duas pessoas têm agendas irreconciliáveis, os temperamentos podem ferver, as palavras quentes podem ser trocadas e nenhuma delas acaba feliz. A maioria dos confrontos são verbais, mas pode haver comportamento irracional (rasgar um documento, sair e bater a porta) ou até mesmo violência. A segurança de todos os envolvidos deve ser sua principal consideração. Os estranhos são obviamente imprevisíveis, mas os amigos também podem surpreendê-lo com uma reação enérgica, especialmente se eles se sentirem traídos.

Saiba o que desencadeia sua raiva

Se você sabe o que o irrita, é mais provável que você seja capaz de se destacar quando surge uma situação desencadeante. Prepare-se com antecedência para tais cenários: tenha uma resposta pronta. Recuar e ver a situação como se através de uma janela pode ajudar, assim como respirar fundo enquanto você se desprende da turbulência.

TRANSFORMADOR

Cuide-se

Concentre-se não na outra pessoa que se comporta mal, mas na qualidade de sua própria resposta. Mantenha-se em controle. Se a outra pessoa estiver fora de controle, que isso seja mais um motivo para ser comedido. Filtre o que você diz através de uma peneira da razão, evitando reações automáticas - enquantose prepara para falar de seus sentimentos, se apropriado.

Seja um espelho

Torne a outra pessoa consciente de seu comportamento irracional. Você pode dizer: "Vejo que você está realmente irritado" ou "Por favor, explique por que você está gritando comigo." Observações como esta podem parar as pessoas no meio do fluxo e devolvê-las à autoconsciência.

Evite o confronto

O engajamento com o que uma pessoa argumentativa diz coloca você em uma arena à escolha dela. Não se engaje em seus termos. Se você se recusar a aceitar uma argumentação, ela não pode sentir que ganhou.

Prepare seu caso

Se você pretende contestar um comportamento inaceitável, identifique os pontos principais e liste-os em um cartão. Escaneie este imediatamente antes da reunião. Geralmente, é melhor deixar de fora os pontos subsidiários ou fronteiriços, pois a outra pessoa, sem dúvida, aproveitará qualquer fraqueza.

Antecipe a surpresa

Colocar-se no lugar do outro ajuda você a antecipar possíveis pontos de desacordo e preparar suas respostas. No entanto, você também deve esperar ser surpreendido - por exemplo, alguém estar inesperadamente presente, ou novos fatos surgindo, ou ter menos tempo juntos do que você planejou.

Aponte para o alvo

Ao fazer uma reclamação ou solicitar um benefício, é bom conhecer seu resultado desejado e ter uma estratégia para alcançá-lo. Prepare-se também para o resultado menos satisfatório que você aceitaria. Não volte atrás neste último com demasiada rapidez: marque outra reunião e tente uma estratégia diferente.

Entretanto, não rejeite automaticamente as resoluções mutuamente benéficas em que você não havia pensado.

Seja cortês

Sentir-se forte a respeito de um problema não significa que você tem que ser duro com a pessoa. Mostre consideração e respeito. Você poderia dizer: "Será que poderíamos conversar sobre alguns assuntos? Você estaria disposto a aceitar? O que seria um bom momento para você?." Continue nesta linha durante a reunião.

TRANSFORMADOR

Seja sucinto

Se você falar demais, será mais difícil para a outra pessoa se lembrar de seus pontos principais. Use palavras de forma econômica. Repita os pontos-chaves em vez de seguir trens de pensamento elaborados.

Seja independente

Referir-se a pessoas não presentes que compartilham suas opiniões pode ser contraproducente. Pode ser interpretado como falta de confiança: uma crença de que seu caso não é forte o suficiente. Mantenha-se dentro de sua própria perspectiva.

Não exagere

Palavras como "nunca" e "sempre" podem escapar involuntariamente, deixando uma fraqueza factual para que a pessoa do outro lado explore. Mantenha-se fiel aos fatos: diga "muito raramente" ou "com muita frequência" quando é isto que você quer dizer.

DIVÓRCIO

Os divórcios podem ser amargos ou amigáveis - ou algo no meio. Todos preferem o amigável, mas o antagonismo pode surgir facilmente. Questões de dinheiro e propriedade podem ampliar o problema. As crianças podem elevar o nível emocional - é importante não as usar como alavancas. Algumas pessoas optam por elaborar seu próprio acordo dentro dos parâmetros legais, em vez de recrutar imediatamente um advogado. Aceite suas emoções enquanto passa pelo divórcio e enfrenta toda essa incerteza. Tente fazer coisas agradáveis com amigos e familiares. Se ambos são membros de uma academia, vá sozinho, em um horário diferente; ou mude de academia. Não descuide do autocuidado.

Chegue a acordos-chave

As principais questões são (conforme aplicável): onde as crianças viverão, como e quando verão cada parte, quem pagará por sua manutenção, como serão educadas; o que acontece com o lar; onde cada um de vocês viverá; como dividirão dinheiro, bens e dívidas. Pode ajudar ter um conselheiro financeiro do seu lado: as implicações fiscais, por exemplo, podem ser complicadas.

Seja paciente

Tentar apressar seu parceiro irá impedir o progresso. Aquele que não assumiu a liderança precisará de tempo para recuperar o atraso - inclusive no processamento de suas emoções, antes que qualquer detalhe prático seja discutido. A impaciência só frustrará seu cônjuge e bloqueará o caminho a seguir.

Conheça a lei

Se cada parte tem uma compreensão básica da situação legal, pode ser possível negociar um acordo mutuamente aceitável sem uma longa batalha legal - o que seria caro e estressante. O resultado precisa refletir: o bem-estar dos filhos, o poder aquisitivo de cada parceiro, suas necessidades financeiras, sua contribuição de esforço e dinheiro até o momento, a duração do casamento, e a idade e saúde de cada um.

TRANSFORMADOR

Escolha bem um advogado

Informações jurídicas gerais estão amplamente disponíveis gratuitamente on-line. Considere este feedback gratuito para engendrar seu próprio divórcio, em vez de usar um advogado desde o início. A dependência de um profissional pode introduzir distância entre um casal; trabalhar em conjunto pode tornar as coisas menos combativas.
Além disso, um advogado pode se concentrar no indivíduo (em vez de olhar holisticamente para o que funciona para a família), e isto pode levar a expectativas irreais. Entretanto, use um advogado para selar o acordo final; ou se você estiver assustado com a situação; ou se a hostilidade tornar impossível a comunicação com seu parceiro ou quando o casal tem filhos.

Aliste aliados

Estes podem ser amigos, ou um grupo de apoio especializado (formal ou não), ou um conselheiro ou técnico de divórcio. O isolamento pode fazer você ficar estressado, prejudicar sua concentração e sabotar seu trabalho e sua vida social, assim como sua saúde. No início, você pode se sentir constrangido para compartilhar sua dor, mas a abertura é curativa. Compartilhar em um grupo, muitas vezes, trará à tona o humor, o que pode ser maravilhosamente refrescante. Crie seu próprio grupo de apoio, se desejar.

TRANSFORMADOR

Foco no futuro

Um divórcio "bom" cria um futuro viável para ambas (ou para todas) as partes. Faça disso sua prioridade. Não gaste tempo repassando o que deu errado e de quem foi a culpa. Esteja preparado, na maioria dos casos, para uma redução dos recursos financeiros. Especialmente após um longo casamento, você precisa reavaliar quem você é. A melhor maneira é identificar os pontos fortes de sua identidade e encontrar saídas que valham a pena para eles. Mantenha-se ocupado, de maneira construtiva. Se você se encontrar solteiro, evite considerar isso como um estado imperfeito: por mais desconhecido que seja, dá-lhe liberdade para explorar e fazer escolhas.

Faça perguntas a seu advogado

Informe-se com seu advogado quanto tempo o processo levará, que nível de contato esperar deles e o que acontecerá no caso de ir a um tribunal.

LUTO

Ninguém chega ao fim de uma vida medianamente longa sem experimentar o luto. A perda de um ente querido provoca um golpe profundo e duradouro, mesmo quando esperado - por exemplo, após uma doença terminal. Não há maneiras rápidas de diminuir a dor do sobrevivente. A única resposta é lamentar sem constrangimento, aceitando todas as nossas emoções; cuidar de nós mesmos física e mentalmente; e reentrar no banho da vida quando nos sentirmos suficientemente fortes. O impacto da perda variará enormemente de pessoa para pessoa: não existe uma maneira certa ou errada de sentir.

Aceite a turbulência

As principais etapas do luto foram mapeadas por especialistas: normalmente, você se move através da negação para aceitar que sua perda é real; depois, se entristece intensamente; depois, se ajusta à ausência de seu ente querido; e, finalmente, começa a desviar sua energia para algo novo, à medida que você avança. No entanto, poucos acompanham isso de perto. Você pode voltar (talvez durante à noite) a uma etapa anterior, ou sentir muitas emoções ao mesmo tempo. Sentimentos exorbitantes podem surgir como ondas. A culpa frequentemente entra em cena, seja pela maneira como você se comportou na vida ou por um luto inadequado. A raiva também é comum. Com o tempo, suas emoções vão se acalmar.

Aceite a perturbação

Você não pode esperar que você mesmo funcione normalmente. O esquecimento e a concentração prejudicada são comuns. Se você perder suas chaves ou esquecer porque saiu de casa, não fique alarmado: isto é normal.

Permita a diferença

Membros da mesma família são suscetíveis a sofrer de maneiras diferentes. Um pode querer compartilhar memórias e preocupações, outro pode se retirar para o silêncio. Aceite estilos de lidar com o luto diferentes do seu.

Aceite aconselhamento

Um conselheiro de luto oferece uma oportunidade útil para falar sobre seus sentimentos e quaisquer preocupações que você possa ter sobre o trabalho, a família ou qualquer aspecto do futuro.

TRANSFORMADOR

Valorize as verdades comuns

Os principais clichês de perda são: um dia de cada vez; será mais fácil; e aqueles que faleceram ficam com você. Não descarte tais confortos só porque eles são familiares. Isso ajuda se você se concentrar em superar o hoje sem se preocupar com os desafios de amanhã. A normalidade será restaurada, mesmo que você nunca mais seja o mesmo. E, sem dúvida, você sentirá seu ente querido como uma presença em sua vida - mesmo que você possa comungar silenciosamente com ele.

Cuide de si mesmo

Isto surgiu em outros contextos, mas tem a sua repetição. Concentre-se em uma dieta adequada, exercício e sono. Evite refugiar-se no abuso de substâncias, incluindo álcool e tabaco.

Personalize um feriado

Uma pausa pode ser curativa, mas certifique-se de que você tenha mais do que seus próprios pensamentos para uma companhia. No outro extremo, você pode não querer passar o tempo todo com outros; mas estar na companhia mesmo que não tenha vontade de se envolver pode ser reconfortante. Planeje uma mistura de descanso e atividade, solidão e sociedade. Não é aconselhável revisitar um lugar que você desfrutou com seu ente querido - de qualquer forma, ainda não.

Planeje um belo funeral

Trate o funeral como um trabalho criativo de beleza, paz e sabedoria - até mesmo alegria - faça algo que você nunca vai esquecer. Isto pode ser terapêutico. Encontre um orador que tome a direção. Faça você mesmo um elogio, mesmo que isso exija coragem: ninguém se importará se você estiver com lágrimas. Esqueça a convenção: escolha a música que realmente significou algo para você e aquele que você perdeu.

Homenageie

No caso de uma cremação, você tem muito tempo, portanto não se apresse em tomar uma decisão. Não sinta pressão para se desfazer das cinzas rapidamente: guarde-as o tempo que quiser. Lembre-se se você estiver pensando em espalhar as cinzas: esta será a última coisa que farão juntos. Espere até estar pronto.

CLIMA EXTREMO

A mudança climática deve nos tornar mais conscientes das condições meteorológicas. A mensagem começa a penetrar: devemos esperar por um clima mais extremo no futuro - não apenas calor, mas também vento e chuva. A ameaça à vida e à propriedade das enchentes e furacões pode ser grave mesmo em zonas temperadas, e as ondas de calor do verão também podem ser graves, especialmente para os idosos. Nos últimos anos, incêndios florestais têm se mostrado devastadores na Califórnia, leste da Austrália (Queensland e Nova Gales do Sul), até mesmo na Europa (Grécia, sul da França). Ser sensível ao tempo significa verificar previsões, compreender os riscos em uma determinada área, proteger toda a família, se necessário, e nunca subestimar o poder da natureza de causar danos.

Antecipe os riscos de condução

Todos os extremos climáticos podem afetar a condução. Use faróis sempre que houver neblina ou chuva.

Tenha um plano

Se você antecipar a possibilidade de condições climáticas extremas, seu plano de segurança precisa incluir locais de abrigo, locais de reunião de emergência e métodos de comunicação. Diga às autoridades locais onde fica seu local seguro para que elas possam encontrá-lo caso ocorra um desastre. Verifique a melhor maneira de receber alertas oficiais.

TRANSFORMADOR
Faça um kit de sobrevivência

Seu kit deve incluir água, alimentos não perecíveis, primeiros socorros, rádio portátil, velas, isqueiro, medicamentos, lanternas, pilhas extras (a energia pode estar desligada por algum tempo), cobertores em uma bolsa à prova d'água e sapatos de reposição. Mantenha seu telefone celular carregado antes do período de risco.

Seja bondoso

Cuidar de pessoas idosas ou deficientes é particularmente importante no tempo frio, quando elas podem estar presas em casa. Ajude-as em suas tarefas domésticas e faça suas compras. Localize-as através de parentes ou amigos se elas parecerem estar inesperadamente ausentes. Mostre a mesma preocupação em outras emergências climáticas.

Impermeabilize sua casa

Verifique se sua casa está em uma área de risco de inundação: on-line você pode encontrar mapas oficiais de inundação, e ser capaz de se inscrever para receber avisos gratuitos de perigo. A inundação de águas superficiais é difícil de prever. Ajude a manter os esgotos desobstruídos com lixo e outros itens não-biodegradáveis. Proteja sua casa contra enchentes se estiver em risco. Considere: instalar portões de inundação; selar pisos; tanque; cobrir tijolos de ar; colocar válvulas anti-retorno em drenos e entradas/saídas de água; estocar sacos de areia. Nota: se a água da inundação tiver mais de 1 metro de altura, a retenção de água pode ser prejudicial.

Seja sensível à inundação

Evite manter números de telefone cruciais apenas em seu celular, caso ele fique molhado. Verifique se você tem seguro adequado. Guarde documentos importantes em algum lugar seguro, em sacos à prova d'água. Identificar para onde, se necessário, você mudaria seu carro se a inundação acontecesse. Não toque no fornecimento de eletricidade se estiver parado na água. Para maiores orientações sobre inundações, navegue on-line.

Seja prudente em relação às tempestades

Antes de uma tempestade, certifique-se de que não haja azulejos soltos ou quebrados que possam ferir as pessoas. Proteja os itens ao ar livre, como vasos de plantas, móveis de jardim e caixotes - ou leve-os para uma construção externa. Não saia em uma tempestade pela novidade da experiência; fique longe do mar.

TRANSFORMADOR

Ultrapasse os relâmpagos

Se você estiver lá fora quando se aproxima uma tempestade, pare o que você está fazendo. Os raios podem atingir 15 km da chuva. Se o tempo entre o relâmpago e o trovão for inferior a 30 segundos, o raio está perto o suficiente para atingir você. Evite ficar no ponto mais alto. Abrigue-se, se possível, dentro de um edifício fechado, com encanamento ou eletricidade (não toque em nada de metal). Permaneça em seu abrigo até 30 minutos após a última trovoada. Não se abrigue sob uma árvore solitária, abrigo de piquenique ou outro objeto para mantê-lo seco: é melhor se molhar do que ser atingido. Um grupo baixo de árvores ficaria bem. Solte objetos metálicos pontiagudos, como ferramentas; fechos de mochilas com armações de metal e/ou bastões de caminhada a 30 metros de distância de você. Se não houver abrigo, continue andando. Se você se tornar o objeto mais alto, agache-se com os calcanhares juntos - permitindo que a eletricidade suba através de um pé, através dos calcanhares e volte ao chão através do outro pé. Não fique de pé na água, mesmo com botas de borracha. Se estiverem em grupo, fiquem bem longe uns dos outros para reduzir o risco de ferimentos múltiplos. Se você estiver com alguém que foi atingido por um raio, você pode tocá-lo com segurança para dar RCP (ressuscitação cardiopulmonar) e primeiros socorros.

ASSALTO

O principal impacto do assalto é emocional: algumas pessoas levam até oito meses para começar a se sentir seguras em suas casas novamente. Uma pesquisa constatou que 1 em cada 8 vítimas se sente violada e assustada com um novo arrombamento. A pesquisa revelou que um terço das pessoas sofre uma perda de confiança, com algumas relutantes em estar sozinhas em casa. O impacto pode ser reduzido se você tiver se preparado bem para essa possibilidade - por exemplo, fazendo um inventário completo de objetos de valor. Instale iluminação de segurança, câmeras e alarmes de sensores de movimento se você estiver nervoso, e exiba sinais que funcionarão como um elemento dissuasivo. Um cão de guarda é aconselhável se você vive em um lugar remoto.

Evite o confronto

Os assaltantes procuram, principalmente, uma casa vazia, mas alguns podem atacar enquanto você está no local. Se você ouvir ruídos, chame a polícia e sussurre sua mensagem: evite bater nas coisas alto enquanto você se move no escuro. Se você chegar em casa e souber que há um intruso no interior, ligue de seu carro ou da propriedade de um vizinho.

TRANSFORMADOR

Faça um inventário

É óbvio, após um assalto, fazer uma lista do que foi roubado. Mas, idealmente, prepare-se para a eventualidade, fazendo um inventário de objetos de valor, incluindo números de série e marcas de identificação. Fotografias também serão úteis para uma reivindicação de seguro.

Cuide dos dados secretos

Se qualquer cartão bancário ou qualquer dispositivo digital tiver sido roubado, entre em contato imediatamente com todas as empresas relevantes e solicite o bloqueio de contas.
Em preparação, certifique-se de não deixar uma nota de senhas em um local onde elas possam ser roubadas.

Evite armas

Mesmo tendo armas improvisadas ao lado de sua cama (faca de cozinha, garrafa de vidro, spray de cabelo, taco de beisebol), é melhor evitar, mas pode haver momentos em que você tenha que improvisar para se defender. É legal em muitos países usar força razoável para autoproteção; mas se não parece haver ameaça de violência, mantenha-se em paz. Entregar o que é exigido é a opção mais segura. Não se pode saber se o intruso está armado.

Esconda as chaves do carro

Hoje em dia é fácil encontrar um carro na rua se você tiver as chaves. Não facilite a vida aos intrusos: mantenha suas chaves bem escondidas. Nunca as coloque em sua mesa de entrada: um ladrão de carros pode usar um fio através da caixa de correio (se você tiver uma) para pescá-las.

Alarme de zonas mortas

Se você tiver um alarme de arrombamento, algumas apólices de seguro exigem que as zonas em que você não estará se intrometendo (por exemplo, ao sair de seu quarto para usar o banheiro) sejam alarmadas quando você estiver em casa.

PARENTES EM CUIDADO

Para os mais velhos, um lar de idosos pode oferecer um nível de conforto e segurança (particularmente por causa da queda) que não se sente mais em casa. Os parentes, sejam eles residentes ou não, só podem conseguir até um certo ponto: você também pode ter força ou resistência falhada, e os cuidados em tempo integral podem ser um desafio mesmo para os mais dedicados. Qualquer grande mudança pode ser estressante, mas o lar é onde a pessoa sente que pertence, e este sentimento pode vir com o tempo - ele o fará se seu parente estiver aberto a aspectos positivos de mudança, incluindo novas amizades. Esteja preparado para passar muito tempo lá, ajudando a forjar conexões.

Considere viagens para casa

Talvez você ainda possa voltar para casa, às vezes, com seu ente querido. Tenha em mente que alguns acham as visitas domiciliares estressantes; mas outros acham que elas facilitam a transição. Se você teve que vender a casa para pagar por cuidados, considere visitar um amigo ou parente que mora por perto - algum lugar que a pessoa sob cuidados achará familiar e reconfortante.

Diminua a culpa

É provável que os membros da família experimentem culpa (assim como perda), especialmente quando têm experiências agradáveis por conta própria. Sua culpa pode ser exacerbada pela reclamação do parente sobre como você o tratou - isto não é incomum nos estágios iniciais, e você não deve sentir-se insensível em arranjar cuidados. Lembrem-se dos pontos positivos - vocês podem ter levado seu ente querido, por exemplo, para longe de um lugar inseguro, onde ele estava mostrando sinais de solidão ou depressão.

TRANSFORMADOR
Conheça o pessoal

Dê um perfil dos gostos e aversões de seus parentes. Seu objetivo deve ser fazer com que o pessoal esteja bem-disposto, como uma família. Entenda as pressões que eles sofrem. Ser útil para outros residentes ou ser voluntário na arrecadação de fundos, etc., lhe dará crédito, o que pode funcionar a favor de seu ente querido.

Monitore a qualidade

O lar deve oferecer boas-vindas, segurança e um ambiente positivo. Se algo parecer estar errado, ou se houver cuidadores particulares que pareçam estar fazendo algo errado, persiga os assuntos. Fale com o gerente ou proprietário, se estiver preocupado.

Presenteie em cada visita

Trazer flores e outros pequenos presentes em cada visita e, talvez, um jornal, pode afirmar o vínculo de forma inestimável. Visite o máximo que puder: por todos os meios, traga algo para fazer caso seu ente querido adormeça ou queira assistir à TV, mas também pense em atividades mútuas para se engajar.

PERDA DE EMPREGOS

Se você esperava ou não a crise, perder seu emprego pode abalar sua confiança e causar noites de sono preocupadas com o futuro: como você e sua família vão conseguir? Como você vai encontrar outro emprego no clima atual? É bom expressar o choque que você sente inicialmente, e dentro dos limites dos amigos e da família. Mas, evite espalhar a culpa - isso prejudicará a maneira como as pessoas o veem, incluindo aqueles que podem lhe facilitar um novo papel. Qualquer amargura precisa ser transformada em positividade. A raiva não o ajudará a encontrar um novo emprego (ela afasta potenciais empregadores nas entrevistas); ela nem mesmo cura a dor.

Reenquadre a história

Você precisa fazer as pazes com a situação. Seja grato por estar escapando das desvantagens do antigo emprego. Veja sua indenização como um investimento em um novo futuro. É um clichê falar de novas oportunidades, mas é verdade.

Negocie duro

Se você acredita que sua demissão foi indevidamente feita ou intrinsecamente injusta (verifique a situação legal), você pode ser capaz de buscar um nível melhor de compensação. O ideal seria que isso refletisse a natureza do mercado de trabalho e a transmissibilidade de suas habilidades, bem como sua idade. A discriminação por idade pode ser uma alavanca importante em seu caso. Se você precisar de tempo livre para pensar bem nas coisas, peça-o, com base no salário.

TRANSFORMADOR

Encontre uma correspondência melhor

Ajude a pensar em termos do tipo de correspondência que você tinha com seu trabalho - a correspondência entre suas habilidades e experiência e o papel que você estava preenchendo. Havia algo errado lá, ou você ainda estaria empregado. Lembre-se: uma correspondência melhor está lá fora, então, invoque um espírito positivo que lhe permitirá encontrá-la.

Recue e pense

Não ter um objetivo claro em mente pode ser um obstáculo para o reemprego. Avalie a sua carreira. Liste seus talentos e realizações. De que você está mais orgulhoso? Elabore os critérios que seu próximo emprego deve satisfazer. Planeje uma estratégia financeira. Existem maneiras de ganhar tempo - por exemplo, trabalhar por conta própria por algum tempo, ou dar ajuda remunerada a alguém que você conhece?

Prepare seu perfil

Certifique-se de que seu currículo esteja atualizado, abrangente e bem apresentado - com gramática e ortografia precisas, mas também consistente em cabeçalhos e outros estilos (paradas completas, traços, etc.). Não deve ser um epitáfio: concentre-se também em objetivos futuros.

APOSENTADORIA

A aposentadoria é um sonho que, às vezes, se torna um problema. O trabalho pode ter proporcionado um maior senso de propósito e direção do que a pessoa percebeu - até que ela perdeu a oportunidade. Além disso, em vez de um local de trabalho agitado, eles podem agora ter uma casa vazia para preencher - ou, se houver um parceiro que fique em casa, eles encontram competição por espaço e uma nova dinâmica de relacionamento. Você pode ajudar a diminuir o choque emocional da aposentadoria planejando-se para isso. A chave, em qualquer caso, é permanecer ativo - e se você receber um adiantamento de uma quantia fixa em sua aposentadoria, gaste-o cuidadosamente.

Seja realista

É insensato imaginar que seus primeiros meses de aposentadoria serão necessariamente marcados por uma libertação alegre; ou você simplesmente não vai gostar muito de fazer. Outro mito da aposentadoria é que os colegas de trabalho inevitavelmente permanecerão em contato.
Esteja preparado para um período de adaptação. Evite seguir muitos interesses caros demais: tenha cuidado com seus gastos, mesmo que você se sinta mais rico do que nunca.

Encontre um novo propósito

Um projeto pessoal, ou alguma forma de trabalho ou atividade voluntária, são imensamente benéficos.
Aprender novos assuntos ou habilidades é outra grande opção. Alguns, no entanto, acham suficiente o foco em parentes idosos ou netos – mas, certifique-se de que a ajuda que você oferece é o que se deseja.

TRANSFORMADOR

Seja o mentor de alguém

Nunca desvalorize sua riqueza de experiência, tanto dentro como fora do contexto profissional. Orientar um jovem apaixonado pode ser altamente gratificante - idealmente, é uma transação de mão dupla, o parceiro sênior ganhando energia e ideias frescas dos mais jovens. Aproxime-se de seu antigo local de trabalho - eles podem aproveitar a oportunidade e deixá-lo usar suas instalações. Ou desenvolva um de seus talentos ou interesses pessoais, e transmita isso. Outra abordagem seria atuar como um treinador ou conselheiro de vida se você tiver boas habilidades pessoais.

Pense diferente

A aposentadoria é uma oportunidade para redesenhar sua vida ou mesmo reinventar-se totalmente. Pense cuidadosamente antes do grande dia e estabeleça prioridades e objetivos a longo prazo.

Escolha seus papéis

Encontrar-se é uma questão de combinar seu potencial e suas habilidades com os papéis que seu contexto social disponibiliza. Algumas pessoas acham isso difícil após o papel de trabalhador ter se tornado obsoleto. Cuidado ao projetar uma identidade falsa que satisfaça as expectativas dos outros - um lar confortável, descansando sobre seus louros, seria um destes. A própria idade é uma falsa identidade: não é quem você é, mas onde você está em sua jornada. Ajuste-se o mais autenticamente possível às mudanças pelas quais você está passando. Escolha entre os seguintes papéis o que se adequa ao seu propósito, mas não deixe que nenhum o defina exclusivamente: fugitivo; dono de casa; hobbista; avô; sábio; freelancer; estudante; viajante.

Busque um equilíbrio feliz

Uma rotina que compreende atividades físicas e mentais é uma boa fórmula. Ou, para expressar esta ideia de equilíbrio em um nível mais profundo, tente focar igualmente nestas três dimensões da felicidade: significado (ter objetivos válidos); valor (viver segundo seus valores, incluindo autenticidade, doação e compartilhamento); prazer (relaxamento, companheirismo, natureza, recreação).

TRANSFORMADOR

Movimente-se

A mobilidade é uma das chaves para envelhecer bem: ela pode ser crucial para viver uma vida independente em casa. Se você pode caminhar longas distâncias, continue assim! Nade também se você gosta; ande de bicicleta com segurança; e faça exercícios de resistência, força muscular, elasticidade e equilíbrio/coordenação - tudo isso é fundamental. Atividades como bocha, golfe ou dança são extremamente benéficas para pessoas com mais de 50 anos. Cuide de suas costas: evite levantar pesos e mantenha uma boa postura em todos os momentos. Considere o Pilates ou a participação em academias. Pelo menos faça exercícios em casa: você encontrará rotinas para idosos on-line.

Mantenha seu cérebro afiado

Uma certa quantidade de declínio cognitivo é normal conforme você envelhece, mas estudos sugerem que você pode proteger seu poder cerebral desafiando a atividade mental, combinado com exercício mais uma boa dieta e sono. Tente fazer um quebra-cabeça diário como o Sudoku ou uma palavra cruzada; jogue xadrez ou bridge. Acompanhe os assuntos atuais, faça debates com amigos e participe de quizzes. Inscreva-se em um curso de estudos - continue aprendendo. Exemplos podem ser: aprender um instrumento ou uma língua; pesquisar a história local; ou fazer genealogia, com o objetivo de compilar uma árvore genealógica.

Fases de sua retirada

A aposentadoria antecipada, ou uma abordagem por fases, pela qual você se aposenta gradualmente (muitas vezes por ter fins de semana prolongados), convém a muitos. Isto pode ajudar a suavizar a transição entre trabalho e não-trabalho.

Proteja e faça crescer seu relacionamento

A aposentadoria pode causar estresse com seu cônjuge ou parceiro. Os fatores podem incluir: dinheiro; mais tempo juntos em casa; necessidades competitivas por um espaço de trabalho.
É crucial se comunicar bem durante a transição.
Planejar coisas agradáveis juntos; surpresas agradáveis.
Converse pacientemente sobre qualquer questão de gerenciamento de tempo ou de tarefas domésticas.

Bibliografia

Achor, Shawn, *The Happiness Advantage: The Seven Principles of Positive Psychology that Fuel Success and Performance at Work*, Virgin Digital, 2011

Annesley, Mike, and Steve Nobel, *The Way of Calm: 120 Simple Changes to Help You Find Peace in a Stressful World*, Eddison Books, 2018

Carlson, Richard, *Don't Sweat the Small Stuff and It's All Small Stuff: Simple Ways to Keep the Little Things from Taking Over Your Life*, Hyperion, 2003

Cope, Andy, and Gavin Oattes, *Shine: Rediscovering Your Energy, Happiness and Purpose*, Capstone, 2018

Gilbert, Elizabeth, *Big Magic: Creative Living Beyond Fear*, Penguin, 2016

Gottman, John M., and Nan Silver, *The Seven Principles for Making Marriage Work*, Orion, 2018

Hendrix, Harville, *Getting the Love You Want: A Guide for Couples*, Simon & Schuster, new edn, 2005

Jeffers, Susan, *Feel The Fear and Do It Anyway: How to Turn Your Fear and Indecision into Confidence and Action*, Vermilion, revised edn, 2007

Johnson, Sue, *Hold Me Tight: Your Guide to the Most Successful Approach to Building Loving Relationships*, Piatkus, 2011

Kabat-Zinn, Jon, *Full Catastrophe Living: Using the Wisdom of Your Body and Mind to Face Stress, Pain, and Illness*, Delta, reprint edn, 1990

Leahy, Robert L., *The Worry Cure: Seven Steps to Stop Worry from Stopping You* Harmony, 2006

McKee, Annie, *How to Be Happy at Work: The Power of Purpose, Hope, and Friendship*, Harvard Business Review Press, 2017

Meadows, Martin, *Confidence: How to Overcome Your Limiting Beliefs and Achieve Your Goals*, CreateSpace, 2015

Noel, Brook, and Pamela D. Blair, *I Wasn't Ready to Say Goodbye: Surviving, Coping, and Healing after the Sudden Death of a Loved One*, Tantor Media, audio book, 2012

Rosenberg, Marshall B., *Nonviolent Communication: A Language of Life*, Puddle Dancer Press, 3rd edn, 2015

Sapolsky, Robert M., *Why Zebras Don't Get Ulcers: An Updated Guide to Stress, Stress Related Diseases, and Coping*, W.H. Freeman, 1998

Scott, S.J., and Barrie Davenport, *Declutter Your Mind: How to Stop Worrying, Relieve Anxiety, and Eliminate Negative Thinking*, CreateSpace, 2016

Shaw, Jennifer Wilkin, *A Testament of Grief: One Mother's Story of Loss and Survival*, Simone Bluestock Publishing, 2017

Shultz, Kenneth S. (consultant), with Megan Kaye and Mike Annesley, *Happy Retirement: the Psychology of Reinvention: A Practical Guide to Planning and Enjoying the Retirement You've Earned*, DK, 2015

Tolle, Eckhart, *A New Earth: Awakening to Your Life's Purpose*, Penguin, reprint edn, 2008

Warner, Jan, and Madeleine Maby (narrator), *Grief Day by Day: Simple Practices and Daily Guidance for Living with Loss*, Audible Studios (audio book), 2018

Wehrenberg, Margaret, *The 10 Best-Ever Anxiety Management Techniques: Understanding How Your Brain Makes You Anxious and What You Can Do to Change It*, W.W. Norton, 2nd edn, 2018

Wilson, Kelly G., and Troy DuFrene, *Things Might Go Terribly, Horribly Wrong: A Guide to Life Liberated from Anxiety*, New Harbinger, 2010